金陵佳人

The Ladies of Jinling

陈正荣 著

南京出版传媒集团
南京出版社

图书在版编目（CIP）数据

金陵佳人 / 陈正荣著 . -- 南京 : 南京出版社，
2018.4
ISBN 978-7-5533-2165-3

Ⅰ . ①金… Ⅱ . ①陈… Ⅲ . ①女性 – 名人 – 列传 – 南
京 Ⅳ . ① K828.5

中国版本图书馆 CIP 数据核字（2018）第 040172 号

书　　名： 金陵佳人
作　　者： 陈正荣
出版发行： 南京出版传媒集团
南 京 出 版 社
社址：南京市太平门街 53 号　　邮编：210016
网址：http://www.njcbs.cn　　电子信箱：njcbs1988@163.com
天猫 1 店：https://njcbcmjtts.tmall.com　天猫 2 店：https://nanjingchubanshets.tmall.com
联系电话：025－83283893、83283864（营销）　025－83112257（编务）

出 版 人： 项晓宁
出 品 人： 卢海鸣
责任编辑： 汪　枫　徐　智
装帧设计： 王　俊
责任印制： 杨福彬

制　　版： 江苏凤凰制版有限公司
印　　刷： 南京凯德印刷有限公司
开　　本： 787毫米×1092毫米　1/16
印　　张： 16.25
字　　数： 240千字
版　　次： 2018年4月第1版
印　　次： 2018年4月第1次印刷
书　　号： ISBN 978-7-5533-2165-3
定　　价： 40.00元

天猫 1 店　　天猫 2 店

营销分类：历史·文学

自古金陵多佳人（代序）

陈正荣

东晋时的一年冬天，安西将军谢奕的长女谢道韫大概只有七八岁，和兄弟姐妹们在秦淮河畔的谢家大院内玩耍，适逢天空飘起大雪，谢安（那位指挥过淝水之战的将军）兴致大起，指着空中的雪花问孩子们：“白雪纷纷何所似？”这时谢安的侄儿谢朗首先答道：“撒盐空中差可拟。”谢道韫想了想道：“未若柳絮因风起。”谢安对谢道韫的这句诗赞不绝口。这个故事为后世文人墨客所津津乐道。“咏絮之才”后来成了称赞才女的专有用语。也因为这个故事，谢道韫与汉代的班昭、蔡琰等人成为中国古代才女的代表人物。

公元589年，隋朝大军渡过长江，攻克陈朝的台城。陈叔宝得知隋军已至，便与张丽华、孔贵嫔躲藏到井里。不久，隋军兵士赶来向井里窥视，并大声喊叫。井下无人回答，隋军士兵扬言要落井下石，方才听到井下有人呼唤，于是抛下绳索往上拉人，隋军兵士感到非常沉重，十分吃惊，直到把人拉上来，看见是陈叔宝与张丽华、孔贵嫔三人。隋杨广下令将张丽华、孔贵嫔在青溪斩首。美丽、聪慧的张丽华可谓集“三千宠爱在一身”，陈后主还为她专门创作了《玉树后庭花》曲子，供她演唱。无奈佳人命薄，魂断青溪。

南唐的后主李煜也是一位沉湎于歌舞的皇帝。一位叫窅娘的舞女，美丽多才，能歌善舞。李煜专门制作了六尺高的金莲台，让窅娘在上面跳舞。这位舞女身材窈窕，娇小玲珑，特别是她的一双脚特别小，以帛缠足，使之作新月状，再穿上素袜，在莲花台上跳起舞来，身轻如燕。据传从此以后，宫中的女人开始裹足，后来这一风气又传到了宫外，一时间女人都以裹足为美。这一裹就裹了近千年。直到1912年3月11日，中华民国临时大总统孙中山在南京签发命令，禁止妇女缠足，缠足之风才渐渐从中华大地上消失。缠足之风，始也南京，终也南京。

1639年农历七月初七晚，秦淮河畔，华灯初上，路上车马拥挤不堪，河中舟船密集如墙，人声鼎沸，热闹非凡。一场选美大赛正在一个叫水阁的地方举办。二十多个秦淮艺妓一一登台亮相，坐在下面当评委的是一些富家子弟、风流文人。在这次选美中，一个叫王月的秦淮名妓夺得花魁，让人艳羡不已。这就是秦淮河畔最早的选美活动。这位夺得花魁的王月被人遗忘，倒是与王月同时代的“秦淮八艳”成了秦淮河畔的名人。

清朝的乾隆年间，在南京五台山附近，有一个非常漂亮的私家园林——随园，随园的主人是当时的文坛领袖袁枚。主张“性灵说”的袁枚不顾当时人的诋毁，公开招收女弟子，晚年他的女弟子有四十多人。他还为女弟子刻印《随园女弟子诗选》，收录了二十八位女弟子的佳作。他还在《随园诗话》中大力推介女弟子的诗作。所以，当时有人说，“才女尽为诗弟子。”在“男女授受不亲”“女子无才便是德”的封建时代，袁枚招收女弟子的举动可谓石破天惊。

历史常有惊人的巧合！一百多年后的1916年，就在随园附近的陶谷，一所现代意义上的女子大学——金陵女子大学正在兴建，而在上一年，这所大学已经开始招收女生。1923年，坐落在随园附近的金陵女子大学校园正式建成。那些幸运的女子们在花园般的校园里做实验、打棒球排球、上形体课、唱英文歌、跳现代舞……金陵女子大学从1915年到1951年共培养了999名女大学生，被誉为南京的“999朵玫瑰”。

2015年的深秋，南京市民的手机被一组南京东郊的照片刷屏。照片是若干幅航拍，从空中俯瞰环陵路一段，梧桐树已经变成金黄色，宛若一条金色项链，而就在这条项链上，两圈种植成环状的梧桐呈水滴状包围着一栋蓝绿色建筑。照片中梧桐树与建筑组成的造型像极了一条坠着宝石的项链。那幢蓝绿色的建筑就是宋美龄住过的“美龄宫”。

……

以上举出的只是几个与南京女人有关的故事。

“金陵自古多佳人”“江南佳丽地”“六朝金粉之地”“金陵十二钗”“秦淮四美”“秦淮八艳”“金陵女大999朵玫瑰”“南高师八朵金花”……人们把很多美好的词语送给了南京以及在南京生活过的女人。在许多人的印象中，在历史上南京是美女、才女的盛产地。

如果细细地回眸历史，说南京出美女、才女，并非空穴来风。南京拥有二千四百多年的建城史、四百多年的建都史。“金陵昔时何壮哉，席卷英豪天下来。”（李白）有多少帝王将相在此指点江山，又有多少英雄好汉在此叱咤风云。政治舞台上尽管是男人们在登场，但从来不乏佳人的倩影。单说秦淮河就已经独领风骚了。秦淮河简直就是一条女人河。

“秦淮万古多情水。”（谭献）早在东晋时代，秦淮畔的乌衣巷住着王谢两大家族，走出了很多风流人物。其中两位女性让后人述说不休。一位是王家的桃叶，一位是谢家的谢道韫。王献之在秦淮河畔遇见了一位名叫桃叶的歌妓，从此“笃爱之”。他常在利涉桥旁的一个渡口迎接他的恋人桃叶，两人相互用诗歌表达爱情。后人被他们真挚的爱情所感动，便把这个渡口命名为桃叶渡。谢道韫以“咏絮之才”让后人赞不绝口。桃叶、谢道韫只是六朝秦淮河畔优秀女子的代表。六朝时，秦淮河畔住着很多王公贵族，可以想见一定会有很多大家闺秀往来于秦淮河畔。所以，南京早就有“六朝金粉之地”的说法。诗人说：“六朝佳丽最秦淮，一带朱楼映紫霞。栏边新水越娥纱，红袖春娇蛱蝶花。”都知道六朝男子追求风度、俊朗，我想，六朝女子也绝不是等闲之辈。比如王羲之的老师卫铄就是一位极富才华的佳人。只是很多佳人都被淹没在历史的长河里了。我曾在南京六朝博物馆里看见六朝的女子陶俑，只能用“惊艳”来表达那一刻的感受。那些六朝陶俑女子发髻高耸、面带微笑、神情自若、仪态万方，由此可以想见六朝女子的非凡气质。

六朝为秦淮河的绮丽气质定了调子，后来的每一个朝代，都为秦淮河的这种气质添墨加彩。唐代的南京，已经是一片废墟，可是秦淮河畔仍旧是歌声缥缈。李白来了，他遇见了貌若天仙的金陵子。一天晚上，杜牧来到秦淮河畔，听到对岸的歌女在歌唱，他感慨道：“商女不知亡国恨，隔江犹唱后庭花。”

到了明代，南京成为首都。秦淮河两岸河房林立，丽影翩翩，真是夜夜笙歌，热闹非凡。清代余怀《板桥杂记》这样说：“妓家鳞次，比屋而居，屋宇精洁，花木萧疏，迥非尘境。”在描绘秦淮河的游船之盛时写道：“秦淮灯船之盛，天下所无。两岸河房，雕栏画槛，绮窗丝障，十里珠帘。”同时代的张岱也这样记载：“秦淮河河房，便寓、便交际、便淫冶，房值甚贵，而寓之者无虚日。画船箫鼓，去去来来，周折其间。河房之外，家有露台，朱栏绮疏，竹帘纱幔。夏月浴罢，露台杂坐。两岸水楼中，茉莉风起动儿女香甚。女客团扇轻绔，缓鬓倾髻，软媚著人。”透过这些文字，我们可以想见当时的秦淮河是何等的繁华！有意思的是，秦淮河的北岸就是夫子庙、贡院，是来南京参加乡试的举子们追求功名的地方，然而也是他们寻找精神寄托的地方。特别是到了晚明，在朝代更迭之际，痛苦的文人们无处发泄心中的郁闷，青楼便成了他们精神的避风港。他们把爱倾注到秦淮艺妓们的身上。他们发现这些青楼女子不仅艳绝天下，而且才情满腹，在民族气节上也能引以为同道，因此，他们愈加垂青这些艺妓。这些艺妓由于受到男人的追捧，更加勤奋，努力展示出绝代的风华与才艺。这样，秦淮河畔便产生了一大批色艺俱佳的美女，“秦淮八艳”就是她们中间的代表。

到了清代，秦淮河依旧风光旖旎。吴敬梓在《儒林外史》中这样写道：“那秦淮到了有月色的时候，越是夜色已深，更有那细吹细唱的船来，凄清委婉，动人心魄。两边河房里住家的女郎，穿了轻纱衣服，头上簪了茉莉花，一齐卷起湘帘，凭栏静听。所以灯船鼓声一响，两边帘卷窗开，河道里焚的龙涎、沉、速，香雾一齐喷出来，和河里的月色烟光合成一片，望着如阆苑仙人，瑶宫仙女。还有那十六楼官妓，新妆袨服，招接四方旅客。真乃朝朝寒食，夜夜元宵。”尽管是小说描写，但大体上是真实的。清代诗人魏湘洲有诗写道：“秦淮风景胜姑苏，几许烟波入画图。但得山真兼水秀，月明何处不西湖。”（《咏秦淮》）

民国的秦淮河，依旧是桨声灯影，一派绮丽风光。秦淮河里飘来的缥缈歌声，惹得朱自清、俞平伯们惆怅不已。这时候秦淮河畔依然是佳人如云。那些年走出了王玉蓉、严凤英、骆玉笙等艺术大家。

梨花似雪草如烟，春在秦淮两岸边。

一带妆楼临水盖，家家分影照婵娟。

这是孔尚任描写秦淮河的诗句。一千多年来，秦淮河一直呈现出柔靡、绮丽的风格。朱自清说："秦淮河的水是碧阴阴的；看起来厚而不腻，或者是六朝金粉所凝么？"我说，秦淮河流淌的是女人的胭脂，抑或是女人的泪水。因为在秦淮河畔，演绎了太多的爱恨情仇的故事。故事的女主人很少是快乐的，往往是一把辛酸泪。

从秦淮河的文化底蕴来看，也印证了"金陵自古出佳人"的说法，更何况金陵还有更多的好山好水，而每一处的山水似乎都有着关于女人的故事。当然，有两点必须予以说明：一是佳人不一定专指美人，也指善人、才人；二是说南京佳人未必就是指生在南京、长在南京的佳人，也指与南京有过交集的佳人。

南京为什么出佳人？我思考的原因是——

首先，从自然环境上说，南京属于江南。杏花春雨江南。南国有佳人。江南出美女。江南的山川秀美，气候宜人，风柔雨润，物产丰饶，钟灵毓秀。江南的女子，得益于水乡的濡润，肤色细腻，柔婉可人。特别是水乡的女子，生得苗条匀称，长得水灵灵、翠生生。一些富庶之家，所生女子自小便受到文化的熏陶，长大以后，自然成为知书识礼的美女。

其次，从人文环境上看，南京建城历史悠久，是六朝古都、十朝都会，南京几度成为全国的政治、经济、文化的中心，自然吸引了达官贵人、文人雅士来此居住。王侯将相之门、诗书礼仪之家、钟鸣鼎食之户，对一个女子的成长会起到重要的熏陶作用。她们仪态贤淑，举止优雅。美女、才女、淑女，比比皆是。"家住金陵为六朝。"一些王公贵族都喜欢迁居南京。相沿成习，这座城市的文化底蕴就会变得越来越深厚。所以，吴敬梓借用小说的人物杜慎卿说，金陵"真乃菜佣酒保，都有六朝烟水气"。什么是烟水气？六朝烟水气是一种历史沉淀的味道，是一种到处透发出书卷气的文化气息，是一种美丽与哀怨相结合的诗意。在南京生活的女子，岂能不沾染这样的烟水气?

再者，前面已经说过，自从六朝以来，秦淮河成了风月之地，这种文化相沿成习，渐渐沉淀出了一种青楼文化。而青楼里不乏色艺俱佳的女子。

要知道，古代佳人的出头并不容易。在我国漫长的历史中，“女子无才便是德”的观念深入人心。良家女人一般是不能抛头露面的。正史里的人物绝大多数都是男人，关于女子们的记载少得可怜。符合“三从四德”标准的贞妇烈女，才是封建时代正史予以记载的重点对象。袁枚就认为“女子无才便是德”是很荒唐的。他说:“俗称女子不宜为诗，陋哉言乎！圣人以《关雎》《葛覃》《卷耳》冠之三百篇之首，皆女子之诗。”所以，他才招收女弟子。袁枚的女弟子、女诗人骆绮兰在《听秋馆闺中同人集》序中说:

女子之诗，其工也，难于男子。闺秀之名，其传也亦难于才士。何也?身在深闺，见闻绝少，既无朋友讲习，以瀹疏导其性灵，又无山川登览，以发其才藻。非有贤父兄为之溯源流，分正伪，不能卒其业也。迨于归后，操井臼，事舅姑，米盐琐屑，又往往无暇为之。才士取青紫，登科第，角逐词场，交游日广，又有当代名公巨卿从而揄扬之，其名益赫然照人耳目。至闺秀幸而配风雅之士，相为唱和，自必爱惜而流传之，不至泯灭。或所遇非人，且不解咿唔为何事，将以诗稿覆醯瓮矣，闺秀之传，难乎不难?

骆绮兰的意思说，女人作诗，要出名很难。身处闺阁，很难与外界打交道，见识浅，又没有机会广识朋友，也不能登临山川，无法在大自然中接受陶冶，如果没有开明的父亲、兄弟的帮助，很难能一直读下去。等到嫁到夫家，又忙着柴米油盐，侍奉上辈，哪里还有时间去读书写诗呢？而男人们不一样，他们有机会读书、考科举，交游广泛，如果遇到名公巨卿，还大加提携，这样就很容易出名了。

骆绮兰是一位诗人，她知道女人的艰辛。这段话真是道尽了古代女子的委屈，读来令人心酸。在古代，女子要想读书写诗，是很难的一件事，要想出类拔萃，就更难了。正因为这样，古代能够流传下来的佳人佳作，更加让我们尊重。

到了晚清和民国，在西方现代文明的冲击下，女子解放的步伐才得到加快。传教士在南京办起了女子学校。1887年，美国传教士沙德纳女士在南京创办了女子学堂，这座被称为“沙小姐学堂”的女子学校后来改为汇文女子中学。而德本康夫人奉教会之命，1913年在南京创办了金陵女子大学。可以想见，民国时期，南京生活着很多既有良好的传统素养、又有现代气质的佳丽。

“兰有秀兮菊有芳，怀佳人兮不能忘。”（汉武帝《秋风辞》）

回首南京的历代佳丽，兰秀菊芳，桃夭李秾，多姿多彩。有的才貌双全，如柳如是、严凤英；有的国色天香，如张丽华、小周后；有的才高八斗，如谢道韫、李清照、纪映淮、吴贻芳、潘玉良、萧娴；有的蕙质兰心，超凡脱俗，如马湘兰；有的典雅贤淑，如马皇后；有的侠骨仗义，如李香君；有的铁胆雄心，如尹锐志、尹维峻、陈修良；有的心地善良，如程瑞芳。她们中间既有皇后宠妃公主，也有寻常巷陌小家碧玉；既有大家闺秀，也有以“秦淮八艳”为代表的青楼女子；既有中国人，也有在南京生活的外国女子；既有古代佳丽，也有近现代的巾帼英雄……真是百花争艳，万紫千红，“乱花渐欲迷人眼”，她们共同组成了南京色彩缤纷的“群芳谱”。

江南佳丽地，金陵美人多。一起来看看“群芳谱”，认识认识这些佳人吧。

目录

青溪小姑：小姑居处本无郎

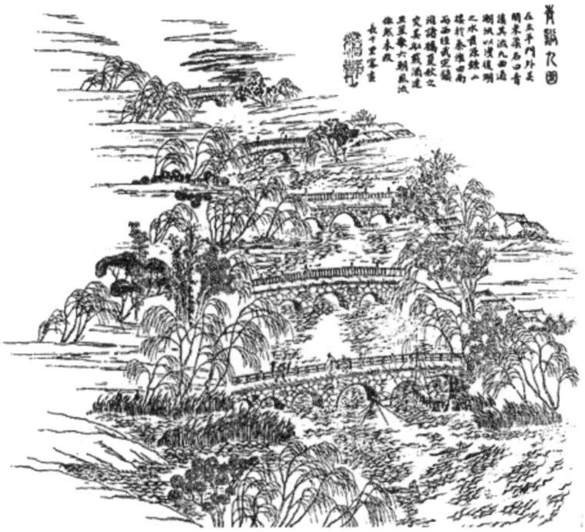

清人画的青溪九曲图

小姑姓蒋。蒋山的蒋。

小姑叫什么名字，长得什么样，后人已经无从知道。小姑就是小女子、小姑娘的意思。

蒋姑娘生活在汉朝的末年，距今已经有一千七八百年了。

那时的南京还只是一个小县城。本来的名字叫金陵，秦始皇下江南，有人对他说，金陵这个地方有天子气。秦始皇一听大为不悦，命人开凿方山，让淮水流贯金陵，泄掉王气，并将金陵改为秣陵。“秣”是草料的意思，意思是这里只能算作一个牧马场。

到了东汉末年，在秣陵做县尉的是一个广陵（今扬州）人，叫蒋子文，一天，他遇到一个盗贼，一路追赶到钟山脚下，终于将贼捉住。蒋子文不幸被贼击中了额头，身受重伤，不久就死了。蒋家人十分伤心，尤其是他的三妹，平时和他感情最好。三妹哭得死去活来，最后想不开，投水自尽了。

后来，孙权来到了江南，定都秣陵，改名为建业。建国之初，蒋子文当年的一个部下称，一天，他看见蒋子文在大道上乘坐白马，手执白羽扇，侍从左右跟随身旁，和生前一模一样。蒋子文还对他说，我现在是这里的土地神，你们快点在这里为我建一座庙吧，我会赐福给这里的百姓的。大家都以为这个人在说梦话。不久，建业城里发生了一场瘟疫。刚刚建都的孙权还是接受了舆论的建议，在钟山脚下为蒋子文建了一座庙，封蒋子文为蒋侯，并将钟山（即紫金山）改名为蒋山。蒋山这个名字后来用了很多年，直到清朝还经常出现在文人的诗文中。

孙权在南京建都后，在城东开凿了一条南北走向的溪涧，这条溪涧足有十多里长，它北通玄武湖，承接着蒋山流下来的水，向南流进秦淮河。这条溪水后来越来越宽，人们给它起名青溪。人们在溪水靠近玄武湖的位置，建了一座祠庙，纪念蒋子文的三妹。人们称三妹为青溪小姑。祠庙里供奉着一尊小姑像。久而久之，人们把青溪小姑奉为青溪女神。

时间又过去了近两百年，到了南朝的宋朝。宋文帝元嘉五年（428年）一个秋夜，朗月高照，秋风摇树，一位在南京做官的会稽（今浙江绍兴）人赵文韶思念起故乡。他独自来到青溪旁，坐在与尚书王叔卿家仅一巷之隔的青溪中桥，唱起了《西乌夜飞》，声甚哀怨。唱着唱着，一位年约十五六岁的青衣婢女前来对他说：王家娘子要我对你说，她听了你的歌声，很是感动，想和你见见面。赵文韶欣然应允，即邀请王家娘子相会。不一会，王家娘子来到文韶跟前，赵文韶一看王家娘子大约十八九岁，长得楚楚动人，后面还有两个婢女相随。赵文韶问道："王家娘子家住何处？"王家娘子用手指王尚书家："我就住在那里，因听到你的歌声，故来相会。你能否为我再弹唱一曲？"赵文韶随即为王家娘子唱了《草生磐石》。他唱得很动听，深得王家娘子喜欢。王家娘子让婢女回家取来箜篌，她也为赵文韶演奏了一曲。接着，她又让婢女唱《繁霜》："日暮风吹，叶落依枝。丹心寸意，愁君未知。歌繁霜，侵晓幕，何意空相守，坐待繁霜落!"歌声低迴、哀婉，赵文韶赞赏不已。

不知不觉夜已经很深了，两人都困了，便自然相伴甜睡，到了四更时分，才想到要分手。临别时，王家娘子取下金簪赠给赵文韶作纪念，赵文韶则以银碗、白琉璃匕回赠。到了天亮，赵文韶出来散步，偶至青溪庙看看，突然他看见祠座上有一只碗，屏风后有琉璃匕。神庙中供有女姑神像，前面站着青衣婢女。赵文韶大吃一惊，回忆起夜里的点点滴滴，似有所悟：夜里来的王家娘子难道就是蒋子文的三妹青溪小姑？后来的日子里，赵文韶再也没有见到这位梦中人了。

这则故事见于六朝时期的志怪笔记《搜神后记》《异苑》《续齐谐记》。

传说，青溪小姑祠里经常显灵。她的祠堂里有一棵大树，树上有很多鸟，东晋时陈郡有一位叫谢庆的人，路过这里，用弹弓打死了树上的几只鸟。夜里，他梦见一女子，衣裳楚楚，很生气地说："此鸟是我所养，何故见侵？"过几天，谢庆暴死于家中。

可见，在传说中，青溪小姑成了经常显灵的青溪河神。

不知从何时开始，六朝时有人就唱出了《青溪小姑曲》来纪念青溪小姑：

开门白水，侧近桥梁。小姑所居，独处无郎。

这支曲子属于乐府歌谣《神弦歌》。《神弦歌》是南朝时祭祀民间杂神所用的乐曲，往往表现叹惜生命、向往爱情、钟情山水等世俗化的情感和愿望。这首小诗很晓畅。从表达的情绪看，人们对投水而死的蒋小姑寄予了无限同情与惋惜。后来很多诗人用到青溪小姑的典故，比如唐代李商隐的诗："神女生涯原是梦，小姑居处本无郎。"这里用青溪小姑的典故，表达的是一种孤独之意。

隋朝灭陈，晋王杨广将张丽华、孔贵嫔带到青溪中桥附近杀了。当时的人们同情张丽华和孔贵嫔的遭遇，就在青溪小姑的祠庙中增添了二位妃子的塑像，从此，青溪小姑祠中供奉了三位女人的塑像。

再后来，青溪渐渐湮没在历史的尘埃里。青溪小姑庙也就渐渐消失于南京人的视野里。

今天，白马村、蒋王庙的地名仍在，也算是对遥远历史的一点纪念。而青溪小姑作为南京这座城市最早见之于文字记载的女子，也留存于人们的记忆里了。

桃叶：世间重美人，古渡存桃叶

桃叶渡牌坊

古渡口，就在秦淮河上。

渡口以一个女人的名字来命名——桃叶渡。

女人叫桃叶。

桃叶的姓名、身世，史书没有记载。只知道她是秦淮河畔的歌姬，她还有一个妹妹桃根。

可以肯定的是，桃叶非常美丽，而且很有才气。

一天，桃叶遇见了一个男人，命运从此得以改变。

她遇见的这个人，是当朝大书法家——王献之。

当时，东晋两大家族王家与谢家就住在秦淮河南岸。王献之是王羲之的第七个儿子。自幼聪明好学，随父练习书法，在书法上专攻草书、隶书，后期兼取张芝，自创新体。他以行书和草书闻名。张怀瓘在《书估》中评其书法为第一等。父子合称“二王”。此外，王献之的画画得也不错。

王献之的第一个妻子，是他的表姐郗道茂。两人青梅竹马，感情笃深。可是王献之被皇帝的女儿新安公主看中。在一个士族社会里，做驸马是件非常光荣的事。王献之不愿意放弃自己的妻子，便采取了自残的方式来拒绝。可是在那样一个等级森严的社会里，与皇帝作对是没有好下场的，最终他还是屈服了，娶了东晋简文帝的女儿新安公主司马道福。而他的发妻不得不在孤苦伶仃中老去。做了驸马，似乎也没有带给他多少快乐。

幸好，他在秦淮河畔遇见了桃叶姑娘。他把自己的爱献给了桃叶。他娶了桃叶为妾。

桃叶的家也许就在秦淮河的北面，王献之经常到秦淮河的这个渡口迎接爱妾。秦淮风浪很大，王献之还作歌安慰桃叶：

桃叶复桃叶，渡江不用楫。但渡无所苦，我自迎接汝。

桃叶也唱起了《团扇歌》作为应答：

桃叶映红花，无风自婀娜。春花映何限，感郎独采我。

于是，这个渡口渐渐为人们所知晓。久而久之，人们干脆将渡口命名为桃叶渡。

王献之与桃叶的故事，在六朝时期就已经流传开去。陈朝时期的《古今乐录》专门收集乐府诗，就已经收录了王献之的《桃叶歌》。《隋书·五行志》记载："陈时江南盛歌王献之《桃叶》诗。"六朝时期的人们为什么喜欢传唱《桃叶歌》？我在《古今乐录》中找到了答案：

"《桃叶歌》者，晋王子敬所作也。桃叶，子敬妾名，缘于笃爱，所以歌之。"

子敬，是王献之的字。"缘于笃爱，所以歌之。"这就是人们代代传诵的理由。

东晋时期人物风流，文学繁荣，艺术鼎盛。谢灵运、谢混、陶渊明、王羲之、王献之、顾恺之……他们在艺术创作上表现出的风流潇洒气质，

民国时期的桃叶渡

世人共知。这时期的爱情故事，也如春水一般，慢慢地涨了起来。比如，梁山伯与祝英台的故事就发生在这个时候。不过，那是民间流传的故事。在文人中间，人们发现了王献之的爱情故事。一个是风流才子，一个是绝色美人；一个是王公贵族，一个卑微歌女。两个人相恋了，而且相守相知。是真爱，就会超越世俗的鸿沟，变得纯粹。才子佳人的故事，正符合了人们的心理期待，也为后世的文人们做了一个很好的垂范。桃叶渡就这么一代代积淀下来，成了一个桃花灿烂的审美意象。人们在这个意象里，放进了自己的艳羡与梦想。所以，吴敬梓说，“人间重美人，古渡存桃叶”。美人如果离开才子、离开爱情，也难以生动起来。不管是六朝人，还是明朝人，不管是古代人，还是现代人，“笃爱”总是一种美好的向往。

后来，秦淮河畔演绎了太多才子佳人的故事，无不是王献之与桃叶爱情范式的重复，比如明末清初“秦淮八艳”的每一个主角后面都站着一位才子。从这个意义上看，桃叶渡的爱情故事，是最早的滥觞。

桃叶渡在后来的岁月里一直享有盛名。明代“金陵四十景”中有它，清代“金陵四十八景”中有它。历代南京地方志都会写到它。从东晋以来的1700多年历史中，有无数诗人来到这里流连、叹息、吟咏，并留下诗歌，可以列出一串串长长的名单：辛弃疾、曾极、吴文英、王士祯、纪映淮、顾梦游、曹雪芹、吴敬梓……如果将有关桃叶渡的诗歌集萃一起，也是厚厚的一本。此外，这个故事在明代就已经随着《桃叶歌》流传到了日本。

现在，外地的游客夜游秦淮河，到了东水关附近，导游总会介绍桃叶渡的故事。

今天的桃叶渡是往日的桃叶渡吗？肯定不是。岁月变迁，沧海桑田，昔日的桃叶渡早已湮没在历史的波浪中。不过，留下一个地名也好，让后人有一个亲临的地方，总比没有好。

桃叶渡的一个石头牌坊是今人建立的。牌坊两边柱子上的对联“楫摇秦代水，枝带晋时风”，取自清代南京的一位才女——纪映淮的一首诗。

谢道韫：咏絮之才

明人《千秋绝艳图》之谢道韫

晋人、晋诗、晋字，都非常有名。

东晋这个时代，103年中涌现出很多有影响的人物。其中的王家与谢家两大家族，赫赫有名。王谢风流荡晋书，真是厉害！

秦淮河畔的这两大家族中，男人们都可以数出一大堆，王家有王导、王坦之、王羲之、王献之……谢家有谢安、谢玄、谢朗……但女人们呢？过去女子无才便是德已经深入人心，长长的历史，只有班昭、蔡文姬、卓文君等几个才女青史留名。在王谢那样荡漾着风流才情的氛围下，如果出现不了一个才女，那是十分遗憾的事情。她，来了。她叫谢道韫。

谢道韫究竟哪一年出生，已经没有准确记载。她出身于晋代王、谢两大家族中的谢家，后来成了王家的媳妇。谢道韫是东晋后期打败苻坚的百万大军的一代名将谢安的侄女，安西将军谢奕的女儿，大书法家王羲之的二儿媳，王凝之的妻子。这位谢道韫聪慧有才情，被后人称之为绝代才女、奇女。

还是在谢道韫七八岁的时候，有一年冬天，天空中雪花纷纷扬扬，谢安笑问侄儿侄女们："白雪纷纷何所似？"谢朗答道："撒盐空中差可拟。"谢朗是谢安的二哥谢据的儿子，谢安听了侄儿的回答后，不置可否。谢道韫想了想答道："未若柳絮因风起。"听了谢道韫的回答，谢安一面鼓掌，一面赞赏不已。此后，人们称有文学才能的女子为“咏絮之才”。

还有一次，叔父谢安问她：“《毛诗》中何句最佳？”谢道韫答道：“诗经三百篇，莫若《大雅·嵩高篇》云，吉甫作颂，穆如清风。仲山甫咏怀，以慰其心。”周朝老臣所做的颂词，穆如清风，能给人带去莫大的安慰。谢安夸赞她为雅人，有韵致。

谢安颇为谢道韫的婚事操心。魏晋时代，谢氏与王氏是两大望族，有“王与谢共天下”的说法。出于门当户对的考虑，谢安在王羲之的儿子当中物色侄女婿。最先看中的是王徽之，但谢安听说此人不拘小节，遂改变了初衷，将谢道韫许配给了王凝之。

王凝之是王羲之的次子，善草书、隶书，先后出任江州刺史、左将军、会稽内史，却信五斗米道，平时踏星步斗，拜神起乩。谢道韫嫁王凝之为妻，婚姻并不幸福。婚后不久，谢道韫回到娘家，整天闷闷不乐。谢安感到奇怪，就问道：“王郎，是逸少（王羲之）之子，不是庸才，你为什么不开心？”谢道韫回答说：“谢家一族中，叔父辈有谢安、谢据，兄弟中有谢韶、谢朗、谢玄、谢渊，个个都很出色，没想到天地间还有王郎

六朝女子陶俑

这样的人！”谢道韫的意思是，谢家兄弟都这么有名气，为什么单单出了王凝之这个平庸之人呢！

谢道韫不仅诗文写得很出色，而且思辨能力很强。《晋书·王凝之妻谢氏》记载，有一天，王凝之的弟弟王献之在厅堂上与客人“谈议”，辩不过对方，此时在自己房间的谢道韫听得一清二楚，很为小叔子着急，想帮他一下。然而，封建时代“男女授受不亲”的规矩又限制女人不能随便抛头露面。谢道韫就让婢女在门前挂上青布幔，遮住自己，然后就王献之刚才的议题与对方继续交锋。她口若悬河，旁征博引，论辩有力，对方理屈词穷。

谢道韫与她前代的班昭、蔡文姬等女子成为我国古代才女的代表人物，而“咏絮之才”也成为后世称赞才女的常用词语。比如曹雪芹的《红楼梦》有诗：“可叹停机德，堪怜咏絮才。玉带林中挂，金簪雪里埋。”就是用“咏絮之才”来夸赞林黛玉的才气。谢道韫的事迹还被编入了《三字经》：“蔡文姬，能辨琴。谢道韫，能咏吟。”

谢道韫在王家平淡地过了数十年，此时东晋王朝气数已尽，孙恩、卢循起兵反晋。当时任会稽内史的王凝之已迷恋上道教，面对强敌进犯，不是积极备战，而是闭门祈祷。谢道韫劝谏丈夫，王凝之根本不理。谢道韫只好亲自招募数百家丁天天训练，伺机抵抗。孙恩大军长驱直入冲进会稽城，王凝之及其子女都被杀。谢道韫目睹丈夫和儿女蒙难的惨状，手持兵器带着家中女眷奋起杀贼，但终因寡不敌众被俘，此时她还抱着只有三岁的外孙刘涛。她对孙恩厉声喊道：“大人们的事，跟孩子无关，要杀他，就先杀我。”孙恩此前听说过谢道韫是一位才华出众的女子，今日又见她如此毫不畏惧，顿生敬仰之情，非但没有杀死她的外孙刘涛，还派人将他们送回会稽。从此谢道韫寡居会稽，闲暇时写诗著文，过着平静的隐士生活。孙恩之乱平定不久，新任会稽郡守的刘柳前来拜访过谢道韫。事后，刘柳逢人就夸奖谢道韫说：“内史夫人风致高远，词理无滞，诚挚感人，一席谈论，受惠无穷。”

《隋书·经籍志》载有谢道韫诗集两卷，后来亡佚。《艺文类聚》保存其《登山》（又名《泰山吟》）和《拟嵇中散咏松》两首诗。

著名学者余嘉锡评价说：“道韫以一女子而有林下风气，足见其为女中名士。”

寿阳公主：六宫争肯学梅妆

现代人画的梅花妆

从六朝的宋朝开始，宫女两眉之间喜欢点上一个梅花图案，后来这一习俗从宫中传到了宫外。人们将这样的妆饰称为梅花妆。到了隋唐时期，梅花妆还在流行。

发明这种梅花妆的，是一位公主，叫寿阳公主。

寿阳公主何许人也？据考证就是会稽宣长公主。她叫刘兴弟，出生于约东晋孝武帝太元八年（383年），淝水之战前夕，卒于南朝宋太祖文皇帝元嘉二十一年（444年）。父亲是南朝宋高祖武皇帝刘裕，母亲是刘裕结发妻子臧爱亲。关于寿阳公主的生平，史书上没有留下更多的信息。但人们从一鳞半爪的记载中，知道了这位公主发明了梅花妆。

《太平御览》引《杂五行书》："宋武帝女寿阳公主人日卧于含章殿檐下，梅花落公主额上，成五出花，拂之不去。皇后留之，看得几时，经三日，洗之乃落。宫女奇其异，竟效之，今梅花妆是也。"

某天，寿阳公主与宫女们在宫廷里嬉戏。过了一会儿，寿阳公主感到有些累了，便躺卧在含章殿的檐下小憩。这时恰好有一阵微风吹来，将梅花吹得纷纷落下，有几朵碰巧落到了寿阳公主的额头上，其中有一朵梅花在公主的前额上留下了五片花瓣的花痕，拂拭不去，使寿阳公主显得更加娇柔妩媚。皇后见了，十分喜欢，特意让寿阳公主保留着花痕，三天后才将其用水洗掉。此后，爱美的寿阳公主便时常摘几片梅花，粘贴在自己前额上。宫中女子见公主额上的梅花印非常美丽，纷纷效仿，将梅花贴于额头，但梅花不是四季都有，于是她们就用很薄的金箔剪成花瓣形，贴在额上或者面颊上。梅花妆就这样诞生了。

后来，梅花妆由宫中传到民间，并受到了女孩子们的喜爱，特别是那些官宦大户人家的女孩子以及歌伎舞女们，更是争相仿效。五代时期诗人牛峤有《红蔷薇》诗："若缀寿阳公主额，六宫争肯学梅妆。"欧阳修的词《诉衷情》也说："清晨帘幕卷轻霜，呵手试梅妆。"可见梅花妆曾经流行了很长时间。

梅花妆的故事还给了清代文学家曹雪芹以启示。他在《红楼梦》的第六十二回"憨湘云醉眠芍药裀，呆香菱情解石榴裙"中，写出了一个非常美的"湘云醉眠"场景。宝玉生日，大观园里的一帮少男少女划拳喝酒，好不热闹。有人发现史湘云不见了，于是便安排人到处寻找，正说着，只见一个小丫头笑嘻嘻地走来："姑娘们快瞧云姑娘去，吃醉了图凉快，在山子后头一块青板石凳上睡着了。"众人走来一看：

> 果见湘云卧于山石僻处一个石凳子上，业经香梦沉酣，四面芍药花飞了一身，满头脸衣襟上皆是红香散乱，手中的扇子在地下，也半被落花埋了，一群蜂蝶闹穰穰的围着他，又用鲛帕包了一包芍药花瓣枕着。众人看了，又是爱，又是笑，忙上来推唤挽扶。湘云口内犹作睡语说酒令，唧唧嘟嘟说：泉香而酒冽，玉盏盛来琥珀光，直饮到梅梢月上，醉扶归，却为宜会亲友。众人笑推她……湘云慢启秋波，见了众人，低头看了一看自己，方知是醉了。

这一段场景实在是太美了！这里虽然没有描写史湘云的容貌，但透过落英缤纷、蝶飞蜂舞的描写，将史湘云纯真、美丽、憨态可掬的少女形象表现得淋漓尽致。这个场景让人很容易联想到在含章殿睡着了的寿阳公主。落在寿阳公主脸上身上的是梅花瓣。而落在史湘云脸上、衣服上、扇子上的则是芍药花瓣。实则殊途同归。《红楼梦》的第五回描写秦可卿的卧室时，写到屋内“设着寿昌公主于含章殿下卧的榻”。曹雪芹将“寿阳公主”写成了“寿昌公主”，也许是有意为之。真真假假，是曹雪芹在《红楼梦》中一贯使用的手法。我推想，曹雪芹对“梅花妆”的典故是很熟悉的，他将这个故事安在了史湘云身上，并加以改造，写得更加富有诗意，令读者拍案叫绝。

莫愁：南国佳人字莫愁

莫愁湖公园里的莫愁女塑像

杭州的西子湖以美人西施的名字来命名，南京的莫愁湖也是以一个名叫莫愁的美人来命名。

“洛阳女儿名莫愁”。传说，莫愁本是洛阳人，后来到了南京，就生活在莫愁湖边。

关于莫愁的传说，有好几个版本。

早在六朝时期，在长江中游一代流传着很多民间歌曲和舞曲。其中一首《莫愁乐》是这样唱的：

莫愁在何处，莫愁石城西。
艇子打两桨，催送莫愁来。
闻欢下扬州，相送楚山头。
探手抱腰看，江水断不流。

这里的石城是今天湖北钟祥市的郢州。后来，到了梁朝时，梁武帝萧衍在民歌的基础上创作了《河中之水歌》：“河中之水向东流，洛阳女儿名莫愁。莫愁十三能织绮，十四采桑南陌头。十五嫁为卢郎妇，十六生儿似阿侯。卢家兰室桂为梁，中有郁金苏合香。头上金钗十二行，足下丝履五文章。珊瑚挂镜烂生光，平头奴子擎履箱。人生富贵何所望，恨不早嫁东家王。”

这位洛阳女儿名叫莫愁，本是贫家女，嫁入富贵之家后，享受到了荣华富贵的生活，但内心仍渴望着嫁给自己的心中人。

萧衍写的这个乐府歌辞，与南京本没有多少关系，是他根据民歌整理出来的莫愁女故事。但后来这个故事以讹传讹，人们将湖北钟祥的石城错成了南京的石城，莫愁女也就落户在了南京。北宋《太平寰宇记》记载：“莫愁湖在三山门外，昔有卢妓莫愁家此，故名。”有人考证，从宋代开始，这个湖开始被人称为莫愁湖。

南京的民间还有另一个传说，莫愁女长得美丽动人，主要生活在南朝宋、齐年间，15岁那年，父亲病死，由于家里实在太穷，她只能卖身葬父。正巧，外出洛阳的建康人卢员外看到了莫愁女，就带回家让她做自己的儿媳。不到一年，莫愁生下一个儿子叫阿侯。不久，北方边塞受到敌人的入侵，丈夫应征戍边，谁料一别十载无音讯。孤女弱子，忧愁度日。莫愁不堪受人欺负，一天投湖自杀。

民国时期的莫愁湖

不论什么版本的传说，莫愁女的形象特征大体一致：美丽、贤惠，不羡慕富贵，对爱情忠贞不二。这个形象很符合传统文人的道德标准及审美规范。

位于南京城西的莫愁湖，最初叫横塘。“君家何处住，妾住在横塘。”诗中的“横塘”说的就是这里。它原是秦淮河与长江交汇处的一处湖泊，因依傍古石头城，又名石城湖。莫愁湖的兴盛从明初开始。相传，明代朱元璋与开国功勋中山王徐达曾在这里下棋。后来，朱元璋将莫愁湖赐给了徐达。在明代，莫愁湖被誉为“金陵第一名胜”“第一名湖”。“莫愁烟雨”，在清代被列入“金陵四十八景”。袁枚写诗赞它：“欲将西子莫愁比，他难向烟波判是非。但觉西湖输一着，江帆云外拍天飞。”西湖是袁枚的家乡，他觉得这莫愁湖比他的家乡西湖还要美。

历代的文人到南京，总会想到去莫愁湖看看。清代彭玉麟为莫愁湖写了一副对联：“王者五百年，湖山具有英雄气；春光二三月，莺花全是美人魂。”江山还要美人助。美人的传说给人们带来了谈资。比如，玄武湖畔有青溪小姑，秦淮河有“秦淮八艳”，西湖有白娘子……传说为美丽的湖山增添了更多人文的色彩。

今天，走进莫愁湖，在莫愁女的故居郁金堂，在四合院的内壁上，还嵌有莫愁女的石刻像。相传，清代有一个叫马士图的文人游莫愁湖后，夜里梦见了莫愁，他对此耿耿于怀，请人刻了这个石像，纪念美梦。

1964年，郭沫若游览莫愁湖，题诗：“古有女儿莫愁，莫愁哪能不愁？如今天下解放，谁向苦难低头？”诗写得很一般，带有浓烈的时代印记。

20世纪70年代，南京人为莫愁女立了一尊塑像。塑像的作者为现代雕塑家唐大禧。他根据梁武帝诗“十四采桑南陌头”的意境创作了这尊汉白玉塑像。莫愁女发髻高绾，面容姣好，素裙垂地，手挎桑篮……作品很成功，莫愁女的形象得到了定格。如今，到莫愁湖游玩的人，一定会去看看莫愁女的塑像。

20世纪80年代，歌曲《莫愁啊莫愁》十分流行。歌中唱到："莫愁湖边走，春光满枝头，花儿含羞笑，碧水也温柔。莫愁女前留个影，江山秀美人风流。啊，莫愁！啊，莫愁，劝君莫忧愁……"好直白的劝说！

莫愁湖借助这首歌为许多人所知晓。一时间，到南京莫愁湖来游玩的客人络绎不绝。

不过，"莫愁"这两个字本身就是一个劝勉：这世间的烦恼，大可不必太忧愁，多一点快乐，才是可取的人生态度。

张丽华：可怜《玉树后庭花》

她在南京怀古、咏史的诗文中出现的频率极高。不过，她往往被后人指责为亡国的祸水，是以一个负面典型出现的。

她是一位令人艳羡的皇妃，可是，她是一位末代皇妃，这注定她的命运是悲惨的。

她叫张丽华。

她是六朝最后一个朝代——陈后主陈叔宝的皇妃。

张丽华像

她的出身一点也不显赫。父亲、兄长都以织席为业。光大二年（568年），年仅十岁的张丽华就被选入宫，充当侍女。这个小姑娘后来出落得惊人的漂亮。陈叔宝不知从何时开始喜欢上这位少女。太建十四年（582年），陈宣帝陈顼去世，陈叔宝即位，便封张丽华为贵妃。

史书记载，张丽华头发长七尺，浓黑如漆，光亮照人。容色端庄秀丽，明眸皓齿，顾盼生辉，富有神采，而且特别聪明灵慧，举止娴雅华贵。加上记忆力特别好，善于察言观色，所以深得陈后主宠爱。

陈叔宝因二弟始兴王陈叔陵作乱受伤，在承香殿养伤，连皇后沈婺华都不得进入，只有张丽华一人在他身旁伺候。

至德元年（583年），陈叔宝封与张丽华所生之子陈深为始安王。陈深因母亲张丽华受宠的缘故，特别受到陈叔宝的喜欢。

至德二年（584年），陈叔宝在光昭殿的前面建造临春、结绮、望仙三阁，高几十丈，几十个房间，装饰极为奢华。陈叔宝自己住在临春阁，张丽华住在结绮阁，龚、孔二贵嫔住在望仙阁，阁与阁之间有通道可以往来。

张丽华在居住的结绮阁里养了一只白色兔子，她经常被素褂裳，梳凌云髻，悠悠闲闲，漫步其中，大臣们干脆称之为“月宫”。陈叔宝每次来宴乐，“呼丽华为张嫦娥”。陈叔宝还经常邀请一些能吟诗作赋的宫人参加宴游。弄臣妃嫔互相赠答。陈叔宝挑选其中的佳作配上乐曲，让宫女演唱，又挑选出美丽的宫女伴舞。陈后主为张丽华专门写了一支曲子《玉树后庭花》：

丽宇芳林对高阁，新装艳质本倾城。
映户凝娇乍不进，出帷含态笑相迎。
妖姬脸似花含露，玉树流光照后庭。
花开花落不长久，落红满地归寂中。

后庭花，本是一种植物，开着深红或浅红或白色的花。后来乐府民歌中有一种情歌名叫《后庭花》或《玉树后庭花》。陈后主借这个曲名，填以新词，献给心爱的宠妃张丽华。可是曲中唱道“花开花落不长久，落红满地归寂中”，这似乎是一语成谶，陈朝果真没有多久就灭亡了。

据史载，张丽华善于察言观色，经常假借鬼神之道迷惑陈叔宝。在宫中设置各种各样的祭祀，聚集女巫，大搞祭祀活动。当时，陈叔宝对政事已经十分懈怠，百官的启奏，都要通过太监蔡临儿、李善度呈递请示，陈叔宝倚着靠枕，让张丽华坐在膝上共同决定。蔡临儿、李善度往往记不住的事，张丽华凭借好记性说得一清二楚。后宫的家人，有不守法度的行为，只要请求张丽华施恩就可以摆平。张丽华、孔贵嫔的权力，熏灼四方。两人的内外宗族，很多得到任用。大臣稍有不顺从的，张丽华等人就趁机诬陷他们，陈叔宝没有不听从的。

鸡鸣寺内的古胭脂井

公元589年，隋朝的军队打到了南京陈朝的台城。陈叔宝得知隋军已至，便与张丽华、孔贵嫔躲藏到一口井里。不久，隋军兵士找到了这里，向井里窥视，并大声喊叫，井下无人回答，士兵扬言要落井下石，方才听到井下有人呼唤，于是抛下绳索往上拉人。直到把人拉上来，才发现是陈叔宝与张丽华、孔贵嫔三人。晋王杨广想纳张丽华为妃，长史高颎说："周武王灭殷商，杀死妲己。如今平定陈朝，不应娶张丽华。"于是高颎下令在青溪旁将张丽华、孔贵嫔杀死。

关于陈朝灭亡这件事，后人几乎是众口一词：陈后主荒淫无度，张丽华妖媚惑主。后世写陈朝灭亡的诗文多如牛毛。从唐朝开始，陈朝灭亡就是热门话题。诗人往往选择三个意象来表达对陈朝灭亡的看法：张丽华、《玉树后庭花》、胭脂井。

写张丽华的诗文很多，几乎众口一词：祸水。《隋书》："张贵妃、孔贵嫔，并有国色，称为妖艳。"蔡东藩说："张丽华为江南尤物，与邺下之冯小怜相似，小怜亡齐，丽华亡陈，乃知尤物之贻祸国家，无古今中外一也。"

在诗文中，陈后主作的《玉树后庭花》，也成了亡国之音的代表。

天子龙沉景阳井，谁歌玉树《后庭花》。（李白）

商女不知亡国恨，隔江犹唱《后庭花》。（杜牧）

万户千门成野草，只缘一曲《后庭花》。（刘禹锡）

六朝旧事随流水，但寒烟、衰草凝绿。至今商女，时时犹唱，《后庭》遗曲。（王安石）

胭脂井，后人直接称之为“辱井”。据宋代的张敦颐《六朝事迹编类》：“景阳井，一名胭脂井。台城中景阳宫井也。其井有石栏，上多题字。旧传云：栏有石脉，以帛拭之作胭脂痕。”

井栏石是一种矿石，能擦出胭脂色，后人就牵强附会说，这口井就是当年陈后主和张丽华藏身的井。后来的文人到南京来怀古，总喜欢到这个井边看看，留下了很多关于这口井的诗词。

1935年，当时的南京市市长马超俊在这口古井旁立了一个石碑，题字“古胭脂井”。有人考证，这肯定不是陈后主藏身的那口井，只是一口古井而已。

大周后、小周后：春花秋月何时了

大周后、小周后是姐妹俩，先后嫁给了南唐后主李煜。大周后和李煜一起生活了10年，可惜天妒红颜，只活了29岁。小周后做了六七年皇后，就和李煜一起当了宋朝的俘虏，在李煜死后不久也离世了，年近二十七八岁。姐妹俩的命运因此都很悲惨。

李煜画像

大周后

大周后，即周娥皇（936—965年），南唐司徒周宗长女，19岁时嫁给了18岁的李煜。娥皇不仅漂亮，也非常聪明，精通音律，能歌善舞，尤工琵琶，技艺精妙。娥皇为中主李璟祝寿，优美的曲调让李璟叹服，于是把自己珍爱的烧槽琵琶赠给了她。这烧槽琵琶又名焦尾琴，是东汉著名音乐家蔡邕所制。周娥皇非常喜欢这把琵琶。在后来的日子里，李煜作词，娥皇作曲，夫唱妇和，感情甚笃。

一天，周娥皇与李煜雪夜畅饮，娥皇举杯请后主起舞。李煜说："汝能创为新声则可矣。"娥皇"喉无滞音，笔无停思"，写成《邀醉舞破》，李煜惊为天人。娥皇还创作乐谱《恨来迟破》，这首曲子在南唐颇为流行。《霓裳羽衣曲》是唐朝大曲中的法曲精品，至五代时，因兵乱失传。李煜曾搜寻到残谱，命宫廷乐师修缮，但不尽如人意。娥皇考订旧谱谬误、增删调整，整理为新曲，并以琵琶弹奏，清越可听。

可惜这位“琵琶皇后”生不逢时，丈夫可是一国之君，每天都有很多大事要处理，岂能天天陪她度曲？但这位丈夫极好音律，简直到了痴迷的程度，他写的词漂亮极了。如果这是一个平安无事的盛世，该有多好，偏偏南唐又是一个摇摇欲坠的偏安王朝。北方的政权一直在觊觎着江南大地。皇帝天天作词唱歌像什么话呢。看到这种局面，监察御史张宪冒死劝谏国君，不能因为喜欢音律而荒废政事，这位厚道的皇帝赏赐给了他三十匹帛，表彰他敢于直言，转过头来，又继续沉湎于对音律的嗜爱中。

娥皇喜欢香风薰雾，李煜便为她专设司香宫女，所用焚香用具多达数十件，均为金玉精制而成。娥皇特别注重美容与装束，还发明了一种叫“首翘鬟朵”的新发型。她裁剪很显腰身的裙裾，穿起来纤丽袅娜，宫女们争相效仿。

乾德二年（964年）十月，周娥皇生病。一天，年仅4岁的次子李仲宣正在佛像前玩耍，突然，一只猫将大琉璃灯碰落，幼童惊吓成疾，不久夭折了。娥皇悲伤不已，病情加重，李煜心急如焚，朝夕相伴。娥皇的所有饮食他都要亲自过问，汤药都要亲自尝一口才喂给妻子。一个月后，娥皇病危，自知来日无多，便将戴在手上的玉镯取下，留给李煜作纪念。在弥留之际，她向李煜提出一个愿望，想把父亲赠送给她的那把传世珍宝烧槽琵琶带走陪葬，并要求薄葬。周娥皇去世时，年仅29岁。乾德三年（965年）正月，葬于懿陵，谥号昭惠。

周娥皇的芳年早逝，令李煜哀痛不已。他遵从周后遗愿，将烧槽琵琶随她陪葬了。李煜写了不少诗文怀念皇后。他在《挽辞》中写道：“珠碎眼前珍，花凋世外春。未销心里恨，又失掌中身。玉笥犹残药，香奁已染尘。前哀将后感，无泪可沾巾。”自己深爱的妻子就像珍珠一样，碎了；也像花朵一般，凋谢了。幼子刚刚夭折，现在又失去爱妻，这让人情何以堪。爱妻用的药还在匣子中，化妆盒还静静躺在那里，上面已经布满灰尘。睹物思人，悲怆至极，已经没有眼泪了。诗中表达的感情是真挚的。李煜和妻子曾在瑶光殿西边共同植了一株梅花，第二年花开时，娥皇已经不在人世，李煜睹花思人，十分伤心，写道：“谁料花前后，蛾眉却不全”“清香更何用，犹发去年枝”。李煜还为妻子写了《昭惠周后诔》，饱含深情，浸透泪水。从李煜的诗文看，两人的感情是很深厚的。马令《南唐书》说，周后死后，“后主哀苦骨立，杖而后起……每于花朝月夕，无不伤怀”。

周娥皇和李煜共同生活了10年，育有三子。

李昇安葬地钦陵、李璟安葬地顺陵都在南京城南的祖堂山南麓，通称“南唐二陵”，在20世纪50年代被发现并发掘。2010年，南京的考古人员在南唐二陵附近又发现了一个新的古墓，有人推测，这个墓就是大周后死后所葬的懿陵。从规模看，这个墓比前两个帝陵小很多，符合当年大周后自己要求薄葬的记载。考古人员发现这个墓已经被盗过多次，在墓里只发现了20多件银质、瓷质文物，大多数是女性用品，有头饰装饰品等，还发现了一截小腿骨，但并没有发现那把烧槽琵琶。有考古人员推测，如果这里就是懿陵的话，或者那把琵琶早已烂掉，或者早就被盗走，或者李煜当初没有舍得把那件极其珍贵的琵琶放进墓里。

小周后

小周后，本名不详，南唐司徒周宗次女，大周后（周娥皇）之妹。小周后比大周后小14岁，大周后与李煜成婚时，小周后年仅5岁，因为姐妹关系，小周后经常出入内宫，深得钟太后喜爱。

乾德二年（964年），大周后因病去世，中宫空缺。次年九月，钟太后去世，李煜按制守丧。开宝元年（968年），李煜服母丧期满，因皇后之位空缺已有四年，朝廷商议立后。这年的十一月，李煜立大周后娥皇的妹妹小周后为皇后。

史书上说小周后神彩端静、才思敏捷，很讲究仪容穿着。为了讨小周后喜欢，李煜用嵌有金线的红丝罗帐装饰墙壁，以玳瑁为钉，又用绿宝石镶嵌窗格，以红罗朱纱糊在窗上。小周后居住的屋外植有梅花，花间还设置好几处彩色小木亭，两人经常坐在木亭里赏花对饮。春盛花开，李煜和小周后喜欢一起插花，将插好的花置于梁栋、窗户、墙壁和台阶上，称之为“锦洞天”。

小周后特别喜欢绿色，她的衾枕帷幄、裙带衣饰，乃至钗环珠宝、清供玩物，都用青碧色装饰。妃嫔宫女受其影响，纷纷效仿，争穿碧色衣裳。宫女们还自己动手将绢帛染成绿色。一次，一个宫女将染好了的一匹绢晒在苑内，夜间忘了收取，被露水所沾湿。第二天一看，颜色分外鲜明，小周后见了，非常喜欢。自此以后，小周后让妃嫔宫人收取露水，染碧为衣，她还给这种颜色的绢帛起了一个名字——“天水碧”。

小周后还喜欢焚香，曾自制焚香器具。白天，垂帘焚香，满殿氤氲，小周后端坐其中，如坠云雾。安寝时，就用鹅梨蒸沉香，置于帐中，香气散发出来，沁人肺腑，名曰“帐中香”。

小周后与还与李煜一起研究茶艺，制造出多种香茗。李煜对于每种肴馔，亲自题名，刊入食谱，名曰“内香筵”。

小周后和李煜在一起大约生活了六七年。开宝八年（975年）十二月，北宋大军攻破金陵，李煜奉表投降，南唐灭亡。开宝九年（976年）正月，小周后与后宫群臣等四十多人一起做了俘虏，被带到洛阳。宋太祖封李煜为违命侯，封小周后为郑国夫人。太平兴国三年（978年）七夕，李煜被毒死，小周后十分悲痛，不久也辞世了。

关于小周后的事迹，无论是正史（《南唐书》）还是野史都特别感兴趣。有的史书记载，大周后娥皇生病期间，妹妹以探病之名经常出入宫中。后主爱慕她的美貌，想暗中纳为姬妾。大周后发现后，非常愤恨，面壁而卧，至死不回头看小周后一眼。此说在马令《南唐书》和龙衮《江南野史》均有详细记载，陆游在《南唐书》亦作为逸事收录。马令还认为李煜的词“划袜步香阶，手提金缕鞋”（《菩萨蛮·花明月暗笼轻雾》），即为描绘与小周后的幽会。清人沈雄编写《古今词话》时，亦说："昭惠感疾，周后常留禁中，故有'来便谐衷素''教君恣意怜'之语。"

这些说法都是道听途说，或者是主观附会，从大周后娥皇生前与李煜的感情来看是大可能的。如果没有感情，娥皇死后，李煜形销骨立又为了什么？李煜的那些怀念妻子的诗文，没有必要虚情假意。心爱的人走了，生活还得继续。但后来李煜非常喜欢小周后也是事实。

民国时期，"鸳鸯蝴蝶派"作家曾称大周后为周蔷、小周后为周薇，这是小说家言。20世纪80年代，台湾地区有史学家考证后认为，大周后的大名叫周宪，字娥皇，小周后大名叫周嘉敏，字女英，这也是一家之言。

金陵子：楚歌吴语娇不成

李白画像

金陵子，是谁？一位漂亮的唐朝金陵女子。

我们是怎么知道她的？因为李白的诗。先来看看李白是怎么写这位金陵女子的：

示金陵子

金陵城东谁家子，窃听琴声碧窗里。
落花一片天上来，随人直渡西江水。
楚歌吴语娇不成，似能未能最有情。
谢公正要东山妓，携手林泉处处行。

一天，李白来到金陵，在城东的一个朋友家喝酒欢聚，席上乐人弹琴助兴。推杯换盏之际，李白在不经意中看见了一个小女子，正偷偷贴身碧纱窗旁，静静听着屋面的琴声。再打量一下，这个小女子长得简直像天上落下来的花瓣一样轻盈、美丽。也许是李白的提议，让这女子来一曲吧。小女子也就不推辞。只见她轻起朱唇，用那吴侬软语唱了起来。虽然听不太清楚她唱的每个字，但她那曼妙、柔丽的歌声听起来是那么动人！已经有了几分醉意的李白此时更加开心。他在想：我要好好学学风流倜傥的谢安，当年他在金陵的东山，携妓畅游在林泉间，忘掉了功名利禄，是一种多么潇洒的人生啊！

金陵子姓什么，叫什么名字，我们已经无从知晓。我们只知道她才十五六岁，是一位歌妓。可以肯定的是，这位金陵子是江南女子，皮肤白皙，长得特别甜美，操着一口吴语，但唱的又是楚歌。楚歌，是古代楚地的土风歌谣，在唐朝以前曾十分流行。刘邦作《鸿鹄歌》时，曾对戚夫人言："为我楚舞，吾为若楚歌。"可见楚歌常有楚舞相伴。这位金陵子也许是边舞边唱，吴语楚歌，别有一番韵致。

金陵子还出现在李白的另一组诗《出妓金陵子呈卢六四首》中。

金陵的卢六是李白的朋友。这天，他心情不好，李白带着金陵子一道来到他家拜访。卢六自然款待来客。但不知何故，这一天的主人卢六愁眉不展。李白一连写了四首诗，安慰这位朋友。第一首是这样写的：

安石东山三十春，傲然携妓出风尘。
楼中见我金陵子，何似阳台云雨人？

李白再一次夸赞金陵子，说她简直就不是人间生的，而是天上的仙子。李白喜欢用天上的仙女形容女子的美貌。比如他说："美人如花隔云端。"（《长相思》）在这一组诗的最后一首，李白还写道："小妓金陵歌楚声，家僮丹砂学凤鸣。我亦为君饮清酒，君心不肯向人倾。"你看，我喜欢的金陵子为你一展歌喉，我的家僮还学起了凤凰的叫声，我李白也是尽情开怀畅饮，为的是让你开心一点。可是这样做，还是没有让你舒展眉头。那么，究竟是什么事让你如此闷闷不乐呢？

唐代的金陵城，是很破败的。公元589年，隋灭陈后，隋文帝下令荡平金陵城，将宫殿城邑全部毁掉，改做耕地，只留下石头城作为蒋州治所。隋朝统治的37年里，金陵可能一直处于被毁坏的状态中。随后的唐朝对这个前朝的旧都也没有什么好感。他们继续采取抑制金陵的策略，将扬州治所自金陵迁至广陵。整个唐代，金陵也没有多少建设。金陵城基本是一座荒凉的废都。但是，诗人们喜欢金陵。唐朝的很多诗人都来过这里，李白一生至少来过四五次。他不仅喜欢这座六朝旧都，而且喜欢金陵人，在这里交了不少朋友。比如，一次，他辞别金陵，朋友为他饯行，他深情地写道：“请君试问东流水，别意与之谁短长？”他还在金陵遇见了他心仪的金陵子。

除了在上面几首诗中提到的金陵子，他还在多首诗中提到金陵歌姬。比如，有一天，他和朋友在孙楚酒楼喝酒，欢饮达旦，接着又乘船去石头城访友，不料半途中见到一位漂亮的吴姬，这位吴姬还和诗人开着玩笑，可见他们已经很熟悉了。李白写道：“半道逢吴姬，卷帘出揶揄。我忆君到此，不知狂与羞。一月一见君，三杯便回桡。舍舟共连袂，行上南渡桥。” 李白在另一首诗中说：“蒲萄酒，金叵罗，吴姬十五细马驮。青黛画眉红锦靴，道字不正娇唱歌。”（《对酒》）这位“吴姬”也非常漂亮，难道她就是金陵子？我们不得而知。李白在金陵期间是很放浪的。李白的朋友魏颢说他：“间携昭阳、金陵之妓，迹类谢康乐，世号为李东山，骏马美妾，所适二千石郊迎，饮数斗醉。”（《李翰林集序》）我们可以推想一下，在金陵期间，诗人曾带着金陵子去寻幽探胜，把酒赏月，比如，他们去过紫金山、玄武湖、横塘、长干里、板桥浦、劳劳亭……

那么，李白与金陵子之间究竟是什么样的感情呢？金陵子只是一个出身卑微的歌妓，而李白喜欢她，也只是文人式的欣赏。他们的感情是不会有什么结果的。要知道，在唐朝，文人狎妓是很普遍的现象。李白、白居易、李商隐、杜牧等很多文人都曾留恋过青楼勾栏。那时的社会对文人狎妓的行为是宽容的。我们没有必要用现代的道德标准去要求一千多年前的李白们。

在李白流传下来的近千首诗中，关于金陵的就有七八十首。除了金陵子、吴姬外，他还写了长干里的少妇。长干里是金陵秦淮河畔的一个居民集中住地，唐朝时，很多商人住在这里。李白为长干少妇写了两首诗，即有名的《长干行二首》。两首爱情叙事诗都是以商妇独白的形式，反映古代商人妻子的生活与情感。“郎骑竹马来，绕床弄青梅。同居长干里，两小无嫌猜”是诗中的名句，后来定格成了“青梅竹马”的成语，广为人知。

杜秋：有花堪折直须折

唐朝时，金陵有一个女子非常有名，她叫杜秋。

据说，著名的《金缕衣》一诗就是杜秋写的：

劝君莫惜金缕衣，劝君惜取少年时。
花开堪折直须折，莫待无花空折枝。

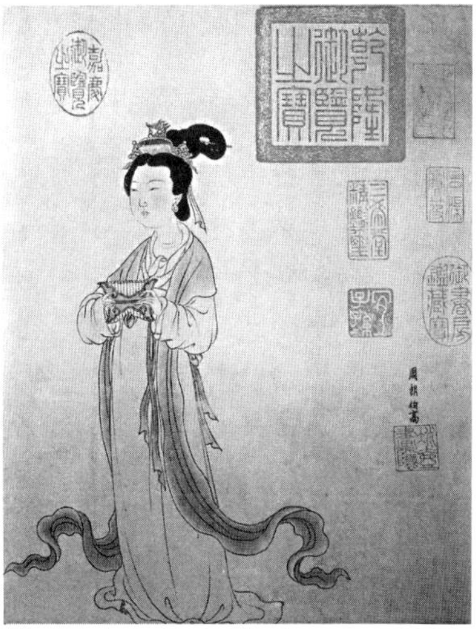

周朗《杜秋图》

她用通俗化的口语，规劝人们时光易逝、人生易老，不要爱惜钱财，不要盯住富贵，而要珍惜青春，及时享受人生。严格说来，这首诗是歌词，它是唐朝的七言歌行，是用来演唱的。

杜秋就演唱过这首歌词。

唐朝著名诗人杜牧曾写过一名题为《杜秋娘诗》的五言古诗，全诗共112句，是唐诗长篇名作。在这首诗的前面，杜牧加上了一段序："杜秋，金陵女也。年十五为李锜妾。后锜叛灭，籍之入宫，有宠于景陵。穆宗即位，命秋为皇子傅姆，皇子壮，封漳王。郑注用事，诬丞相欲去己者，指王为根，王被罪废削，秋因赐归故乡。予过金陵，感其穷且老，为之赋诗。"

这段文字大体上将杜秋的情况做了交待。

杜秋，原名杜丽，生于润州（今镇江），杜丽天生丽质，能歌善舞，而且还能作词。十几岁就创作出《金缕衣》。她凭借非凡的色艺频频出入交际场所。15岁那年，她认识了一个地方高官，从此改变了自己的命运。这位高官就是驻守镇江的镇海军节度使李锜。在一次宴会上，李锜遇见了正在表演《金缕衣》的杜秋，被她的美貌与歌声所吸引，从此魂不守舍。李锜是唐王朝宗室成员，官居一方，有权有势，他看中了哪一个女子，哪里还有讨价还价的余地？何况这是一位歌舞场中的女子。就这样，15岁的杜秋做了已经60多岁的李锜的小妾。如果这位纨绔子弟仕途平稳，那杜秋以后的人生道路也许不会大起大落。偏偏这位李锜是一位野心勃勃的叛逆者，他对朝廷心怀不满，组织发动叛乱。但叛乱很快就被平定，李锜被斩，他所有的家眷入宫为奴，杜秋也在其列。也许早已有人为了讨好当朝天子唐宪宗，将年轻貌美、能歌善舞的杜秋介绍给了唐宪宗。宪宗说，那就让她跳一支舞吧，就跳她自己创作的《金缕衣》。于是，眼前的这位小女子挥动长袖，翩翩起舞，歌声婉转缠绵，宛若天女下凡。唐宪宗彻底被她的歌声舞姿征服了。不久，杜秋就被封为秋妃。据《旧唐书·李德裕传》记载，杜秋娘入宫后改名杜仲阳。杜秋不是一个简单的女子，做了妃子后，她并没有使皇上沉溺于享乐而忘记国事，反倒是积极辅佐唐宪宗治国安邦。当国家逐渐安定之后，宰相李吉甫曾劝唐宪宗可再选天下美女充实后宫，唐宪宗却说：“我有一秋妃足矣!”可见，这位天子真的被杜秋迷住了。

元和十五年（820年），年仅43岁的唐宪宗突然驾崩，24岁的太子李恒嗣位为唐穆宗，改年号为长庆。杜秋被派为穆宗之子李凑的保姆，负责皇子的教养工作。不满30岁的唐穆宗在长庆四年（824年）莫名其妙地死去，随后，年方15岁的太子李湛继位为唐敬宗。敬宗登基不足两年，就被弑于内室。随后，枢密使王守澄又与宫内宦官内外相结，保举唐敬宗的弟弟江王李昂入宫，为唐文宗。因文宗年幼不更人事，朝廷大权实际落在一帮大臣和宦官手中。杜秋与朝中大臣本想把李凑推上皇帝宝座，结果东窗事发，李凑被贬为庶民，杜秋被削籍为民后，放归故乡金陵。在这样一出你方唱罢我登场的闹剧中，杜秋的结局是可以想见的。

唐代周昉《簪花仕女图》（局部）

杜秋回到金陵之后，又过了六七年，大和七年（833年），杜牧路过金陵。还是在很早的时候，杜牧曾在宫中见过翩翩起舞的杜秋，那时的杜秋风姿绰约、倾城倾国，不知如今怎么样了？强烈的好奇心驱使他特地找到了杜秋。他根本不敢相信眼前这位面容枯槁、目光呆滞、红颜褪去的女人，就是当年艳压群芳的杜秋！深受触动的杜牧写了一首长诗《杜秋娘》，表达了对这位身世不凡的女子的悲怜之情。诗的开头说："京江水清滑，生女白如脂。其间杜秋者，不劳朱粉施。"当初的杜秋，尽管不施粉脂，但艳若桃李。"秋持玉斝醉，与唱金缕衣。"她的歌声宛转，简直让李锜迷倒了。后来，"联裾见天子，盼眄独依依。"她得到天子的宠幸，又是多么风光的事情！没有想到，命运会发生重大改变。"四朝三十载，似梦复疑非。潼关识旧吏，吏发已如丝。"杜秋从入宫到放回家乡，前后经历了4个皇帝，过了30年的荣华富贵生活，起初风光一时，到头来没有想到落得个无依无靠、穷困潦倒的境地，巨大的失落感，让她简直不知道是活在现实中还是活在梦里。当初那些官吏已经白发苍苍。杜秋回到家乡后，当初的邻里已经不知去向，家中由于常年无人居住，门前已是荒草萋萋。冬天到了，她只得向邻居借织布机，织了一匹布，为自己做了一件御寒的衣服。真是没有想到杜秋会落到如此凄凉的境地啊！

这首《杜秋娘诗》在当时影响很大。他的朋友张祜说："年少多情杜牧之，风流仍作杜秋诗。"李商隐也说："杜牧司勋字牧之，清秋一首杜秋诗。"唐朝的另一位大诗人白居易也曾写过一位歌女——琵琶女，她是教坊中的一位演技高超的歌妓。而杜秋则由一位歌女登上了魏阙皇妃，而后又跌落成一介草民。其大起大落的命运，比琵琶女更加令人同情。清代洪亮吉说："江州司马宦中唐，谁似分司御史狂。同是才人感沦落，樊川亦赋《杜秋娘》。"（《题琵琶亭二绝》）在洪亮吉看来，杜樊川的《杜秋娘》是可以与白乐天的《琵琶行》相媲美的。

又过了几十年，晚唐诗人罗隐路过金陵，此时的杜秋早已作古。罗隐写道："杜秋在时花解言，杜秋死后花更繁。柔姿曼态葬何处，天红腻白愁荒原。"（《金陵思古》）春天依旧，繁花似锦，可是当年那位规劝人们"花开堪折直须折"的国色天香，如今葬身何处呢？美人尘土，荒冢一堆，怎能不令人神伤！

李清照：春归秣陵树，人老建康城

济南李清照纪念堂内的塑像

她是宋代一位大才女。

她是一位著名的词人，被后人誉为“词家一大宗”。

她还擅长书画，通晓金石。

她叫李清照。

李清照与南京有着密切的关系。她在南京大约生活了一年时间。南京是她的伤心地，因为她的丈夫赵明诚在南京离世，最后葬于南京。

李清照（1084—约1155年），号易安居士，山东济南人。她出身于书香门第，早期生活优裕，父亲李格非进士出身，是苏轼的学生，官至提点刑狱、礼部员外郎。李格非藏书甚富，工于词章。母亲是状元王拱宸的孙女，很有文学修养。所以，李清照自幼生活在文学氛围十分浓厚的家庭里，耳濡目染，加之聪慧颖悟，才华过人，“自少年便有诗名”（王灼《碧鸡漫志》）。李清照的少年时代随父亲生活于汴京，优雅的生活环境，特别是京都的繁华景象，激发了她的创作热情，她写出了不少为后世广为传诵的辞章。《如梦令·昨夜雨疏风骤》词甫一问世，便轰动了京师，“当时文士莫不击节称赏，未有能道之者”（《尧山堂外纪》）。

李清照18岁那年，与时年21岁的太学生赵明诚在汴京结婚。当时李清照之父任礼部员外郎，赵明诚之父任吏部侍郎，均为朝廷高级官吏，可以说两个家庭是门当户对。赵明诚具有很高的文化素养，醉心于金石书画的搜集、考订，日后成为著名的金石家。所以，李清照与赵明诚的结合，可以说是珠联璧合，志趣相投。

朝廷内部激烈的新旧党争把李家卷了进去。李清照出嫁后的第二年，也就是宋徽宗崇宁元年（1102年）七月，父亲李格非被列入元祐党籍，不得在京城任职。赵明诚的父亲去世后，家道中落，李清照、赵明诚只好于1107年秋回到了乡里青州（山东益都）居住。李清照将他们的居室命名“归来堂”，自号“易安居士”。李清照与赵明诚虽然失掉了昔日京师的优裕生活，然而却得到了平静安宁的乐趣。他们节衣缩食，搜求金石古籍，研文写诗，度过了十年平静、和美的岁月。

1127年，金人大举南侵，俘获宋徽宗、钦宗父子北去，史称“靖康之变”。北宋朝廷崩溃。这年三月，赵明诚因母亲死于江宁（今南京），南下奔丧。八月，朝廷任命他知江宁府，兼江东经制副使。此

清人崔錯画李清照像

时，李清照从家中精选了十五车金石图书，乘船南下，于建炎二年（1128年）春抵达江宁府。

江宁古城深深吸引了李清照和赵明诚。宋朝周煇在《清波杂志》中记载："倾见易安族人言，明诚在建康日，易安每值天大雪，即顶笠披蓑，循城远览以寻诗。得句必邀其夫赓和，明诚每苦之也。"这段话的意思是，李清照和丈夫每逢大雪纷飞，就戴上斗笠，披上蓑衣，在城里寻古览胜。李清照诗情大发，吟咏不停，每次得到佳句，必让丈夫和之。而丈夫在吟诗作赋方面，明显稍逊一筹，常常难以跟上李清照的节拍。

李清照在这一年里游览了南京的哪些地方，由于记录太少，已经无从知晓。但根据李清照和丈夫赵明诚的兴趣与爱好推测，南京的很多名胜古迹定会留下了他们的足迹。

建炎三年（1129年）二月，赵明诚被罢守建康（南宋改江宁府为建康府），移知湖州，还没有去赴任，又遭罢免。李清照和丈夫又来到了安徽的池阳（今贵池）。两三个月后，朝廷又将赵明诚调往湖州任职。官员频繁的调动，从一个侧面反映南宋朝廷的局势极不稳定。赵明诚在赴湖州上任途中，路过建康，在这里中暑不治，于八月十八日去世，时年49岁，而此时李清照才46岁。

赵明诚的死，对李清照打击实在太大了。她将赵明诚葬在建康，自己又大病一场，差点病死。当时国势危急，赵明诚妹婿李擢担任兵部侍郎，镇守洪州（今江西南昌）。为保存赵明诚所遗留文物书籍，李清照派人运送行李去投奔妹婿。不料当年十一月，金人陷洪州，所运图书金石散为云烟。李清照只好携带少量轻便的书帖典籍仓皇南逃。后来的李清照一直过着颠沛流离的生活。在孤独无依之中，再嫁张汝舟。岂料这个张汝舟不是一个善人，他对李清照动辄谩骂，甚至拳脚相加。李清照坚决与之离婚。

大约在公元1155年，李清照在孤苦、凄凉中悄然辞世，享年71岁。

在李清照的词中，唯一能够确认写于南京的，便是这首《临江仙》：

庭院深深深几许？云窗雾阁常扃。柳梢梅萼渐分明。春归秣陵树，人老建康城。　　感月吟风多少事，如今老去无成。谁怜憔悴更凋零。试灯无意思，踏雪没心情。

这首词写于宋高宗建炎三年元月初。李清照初到南京，踏雪登石头城，北望中原，今则大势已去，恢复无望，而金兵日炽，惨酷的现实哪里还有心情再去赏花灯、踏雪寻诗呢。

南渡前，李清照多写闺中幽怨之情，而南渡后，经历过国破家亡的惨痛经历，她多抒发心中郁闷之情。再嫁、离异、系狱风波平息后，李清照已年届五十。由于长期的心情忧闷，加上患了好几种病，李清照可谓心力交瘁。自赵明诚病故后，李清照流离失所，饱尝了国破家亡的凄苦滋味，从而使她词的创作感情更加深沉，词的审美风格也更加沉郁，词的思想内容也不再局限于儿女情长，而是扩展到了表现战乱时代的民族、社会的苦难忧患。她这个时期的词作感情深厚，形成了沉郁苍凉、凄苦哀伤的审美风格。

李清照对中国文学的贡献，在于她培育了一枝词坛奇葩——易安体。李清照青年时期，写过一篇著名的《词论》，对她的前辈大家李璟、李煜、柳永、张先、晏殊、欧阳修、苏轼、王安石、曾巩、晏几道、贺铸、秦观、黄庭坚等评点优劣，还提出了词“别是一家”的主张。她的词作不模仿他人，不人云亦云，多用白话和家常语，喜白描铺叙，别具一格又保持着词之为词的特质，有一种浑然天成的美。

马皇后：母仪天下

马皇后画像

南京是六朝古都、十朝都会，在南京做皇后、皇妃的女人不在少数，大体上说，有两种评价：一类是像张丽华那样的皇妃，被后人当作“祸水”看待；另一类像马皇后，是以极为正面的形象出现。

《明史》说她：“从太祖备极艰难，赞成大业，母仪天下，慈德昭彰。”

南京老百姓对她的评价颇高，送给她一个很亲切的称呼——马娘娘。关于马娘娘的传说有很多。

马皇后的原名马秀英，宿州（今安徽宿县）人，生于元至顺三年（1332年）八月初八，祖上曾是当地富豪。父亲马公，仗义好施，后来家业逐渐衰败。母亲生下马秀英不久就去世了。马秀英自幼聪明，能诗会画，性格倔强。按当时习俗，妇女皆缠足，马秀英坚决不缠，人称“马大脚”。父亲马公因为杀人避仇，逃亡他乡，临行时将爱女托付给生死之交郭子兴，郭视同己出。此时天下大乱，百姓纷纷起来造反。郭子兴举旗起义，攻占了濠州（今凤阳）。朱元璋就在郭子兴的麾下当兵，因为作战勇猛，颇受郭子兴的赏识。郭子兴将21岁的义女马秀英许配给了朱元璋为妻。从此，马秀英一心一意帮着丈夫。有一次因为朱元璋伤了郭子兴的面子，郭子兴一气之下将他关了起来。马秀英从伙房偷了一个刚出锅的馒头送给朱元璋，路上碰巧碰到了外人，便慌忙把馒头塞到怀里，结果把胸口都烫伤了。郭子兴阵亡后，朱元璋掌握军权。一切军状文书，都交给马秀英管理。马秀英处理得井井有条。朱元璋率领部队，在与元军以及张士诚、陈友谅等队伍作战时，马秀英动员家属为将士们缝衣做鞋，以供军需。在遇到强敌作战失利时，马秀英想方设法犒赏将士，稳定军心，鼓舞士气。有一次朱元璋在前线受伤，马秀英竟然背着朱元璋逃脱了敌人的追捕。

1368年正月，40岁的朱元璋登基称帝，册封马秀英为皇后。当上了皇后，马秀英并没有骄奢之气。她一方面主张内侍不得兼任外臣文武官职，杜绝宦官乱政之弊；一方面大力倡导节俭之风，建议不要大兴土木。她平时粗茶淡饭，还带头缝织衣服，赏赐给王妃与公主们。她告诫宫中的王妃公主们要爱惜财物，要知道养蚕种桑的艰难。当臣下进贡金银珠宝时，她劝说朱元璋吸取元朝的教训，不能贪财。她还建议广泛招揽人才。不少意见都被朱元璋所采纳。

马皇后体察民情。一日闲谈，马皇后问朱元璋：老百姓都安居乐业了吗？朱元璋说：这不是你所要问的。马皇后说：陛下是天下之父，妾为天下之母，子女的安危，做父母的可以不问吗？马皇后的对答，旨在规劝朱元璋关心人民疾苦，做到爱民如子。还有一次，朱元璋视察太学回来，马皇后问他太学有多少学生，朱元璋答道有数千人。马皇后说：数千太学生，可谓人才济济。可是太学生虽有生活补贴，他们的妻子儿女靠什么生活呢？针对这种情况，马皇后征得朱元璋同意，征集了一笔钱粮，设置了20多个红仓，专门储粮供养太学生的妻子儿女。

坐稳了江山的朱元璋后来疑心病越来越重，对功臣大开杀戒。太子的老师宋濂也因为孙子宋慎被牵连在胡惟庸案之内，即将被连坐处死。马皇后向朱元璋求情说，即使是平民百姓家为子弟请先生，也要好好对待，更何况是皇帝为太子请的老师，怎么能说杀就杀？宋濂早已回家养老，孙子的事情和他无关。但朱元璋不听。到了吃饭的时候，马皇后坐在那里不吃不喝，朱元璋以为皇后病了，连忙询问原因，马皇后只说是

绣球公园里的马娘娘塑像

为宋先生祈福。朱元璋听了也难过起来，于是赦免了宋濂的死刑。马皇后还救了朱文正、李文忠等人。

朱元璋曾经让重刑犯筑造城墙。马皇后说，通过罚劳役来赎罪，这是国家对待犯有重罪的囚犯的恩惠，但本来就疲惫的囚犯如果再加重劳役，恐怕仍免不了死亡。朱元璋于是赦免了他们。

朱元璋做了皇帝以后，想寻找马皇后的族人分封官爵，马皇后坚决拒绝。

马皇后给了朱元璋很多帮助，朱元璋心存感激。他将马皇后和唐太宗的长孙皇后相提并论："家之良妻，犹国之良相，朕岂能忘之！"而马皇后却说："夫妇相保易，君臣相保难。陛下不忘妾同贫贱，更愿不忘群臣艰难。而妾何敢与长孙皇后相比！"

洪武十五年（1382年）农历八月，马皇后生病，群臣请求祈祷祭祀，寻觅良医诊治。马皇后对朱元璋说，死生，是命运的安排，祈祷祭祀有什么用处呢？况且医生又怎能使人活命！如果吃药不能见效，恐怕会因为我的缘故而降罪各位医生吧。病情加重时，朱元璋问她想说什么，马皇后说，希望陛下能够求取贤能的人，听取别人的意见，自始至终，认真对待，子孙都能够贤能，大臣百姓都能够有所依靠罢了。

当月，马皇后去世，享年50岁。朱元璋非常伤心，从此不再立皇后。

马皇后死后被谥为孝慈高皇后，葬于紫金山的玩珠峰下。朱元璋死后，也葬在这里。

关于马皇后，南京有不少传说。南京明城墙挹江门外有座小山，朱元璋命名狮子山，在狮子山旁边有一形似“绣球”的小山丘，朱元璋命名绣球山，寓意“狮子滚绣球”。相传，朱元璋的军队占领南京后，马秀英经常到狮子山一带游玩，于是就有了马皇后的传奇故事。

马娘娘脚印是绣球公园最著名的传说。

马娘娘脚印位于绣球山顶小亭西侧巨石上，长84厘米，宽处31厘米，深25厘米。关于脚印的传说有多个版本，其中一说，明太祖朱元璋在狮子山指挥大军与陈友谅作战，当陈军迫近龙江时，朱仍按兵不动，大脚婆马皇后在绣球山看得真切，急得狠跺一脚，使脚下巨石留下一个深深的脚印。还有一个传说，朱元璋四子燕王朱棣从燕京回来随父视察刚刚建成的城墙。朱棣竟然说，城墙虽固却不能抵御敌人从紫金山上炮击皇宫。朱元璋听到后很不高兴，马皇后担心朱棣不测，连夜送朱棣返回燕京，站在绣球山顶，目送朱棣渡江北上，久久不愿离去，以致脚下跺出脚印。

“天下第一军灶”的传说，也与马皇后有关。陈友谅1360年在采石称帝后，亲率大军直扑应天，企图消灭朱元璋。应天府内一片惊慌，马皇后

传说中的马娘娘大脚印

力主智胜强敌，亲率一群妇女在绣球山上开凿石坑，为浴血奋战的将士们做饭。此举感动前方将士。个个奋勇争先，终于击败了陈友谅的百万大军，为大明王朝的建立奠定了基础。

此外，绣球公园里还有“明誓石”和“龙回头”的传说，也都与马皇后有关。

1993年，绣球公园为马皇后立了一尊塑像，算是对这位贤惠皇后的纪念。

蔡东藩评价说，马皇后“总举止从容，并没有疾言遽色，的是国母风范”。

徐妙锦：我爱翠竹丹枫

在古代，对于许许多多的女子来说，被皇帝选上去做皇妃，那可是梦寐以求的事情。可是在明代的南京，有这么一个女子说什么也不愿意去做皇妃。

她叫徐妙锦。

她是明代开国元勋中山王徐达的第三个女儿。

徐达有四个儿子、四个女儿。大女儿嫁给了燕王朱棣，二女儿嫁给了代王朱桂，四女儿嫁给了安王朱楹。大女儿就是仁孝文皇后。1407年，徐皇后崩，此时徐妙锦已经27岁，尚待字闺中。明成祖朱棣听说徐妙锦不仅天生丽质，而且才情出众，便欲聘为皇后。他命内使与女官前

徐达故居（今瞻园）

去宣旨。出人意料的是，徐妙锦根本就无心做皇后。有人来劝她：“这是陛下的诏命，怎么能抗旨呢？”女官随即来到病榻请求徐妙锦答应，装病的徐妙锦拥被呻吟，对天发誓说：“我之所以不嫁，是因为容貌丑陋而且有麻痕。”女官跪着，仰视良久说：“您的容貌明莹如玉，这是自谦啊。”徐妙锦立即指出脸上的麻痕，女官只好回去复命。

据说，徐妙锦给朱棣还写了一封信——

臣女生长华门，性甘淡泊。不羡禁苑深宫，钟鸣鼎食；愿去荒庵小院，青磬红鱼。不学园里夭桃，邀人欣赏；愿作山中小草，独自荣枯。听墙外秋虫，人嫌其凄切；睹窗前冷月，自觉清辉。盖人生境遇各殊，因之观赏异趣。矧臣女素耽寂静，处此幽旷清寂之境，隔绝荣华富贵之场，心胸顿觉朗然。

乃日昨阿兄遣使捧上谕来，臣女跪读之下，深感陛下哀怜臣女之至意，臣女诚万死莫赎也。伏思陛下以万乘之尊，宵旰勤劳，自宜求愉快身心之乐。幸外有台阁诸臣，袍笏跻跄；内有六宫嫔御，粉黛如云。而臣女一弱女子耳。才不足以辅佐万岁，德不足以母仪天下。既得失无裨于陛下，而实违臣女之素志。臣女之所未愿者，谅陛下亦未必强愿之也。

臣女愿为世外闲人，不作繁华之想。前经面奏，陛下犹能忆之也。伏乞陛下俯允所求，并乞从此弗再以臣女为念，则尤为万幸耳。盖人喜夭桃秾李，我爱翠竹丹枫。从此贝叶蒲团，青灯古佛，长参寂静，了此余生。臣女前曾荷沐圣恩，万千眷注。伏恳再哀而怜之，以全臣女之志愿，则不胜衔感待命之至。

徐妙锦的拒婚书措辞巧妙，意思是，皇上能看上我，实在是我的荣幸，可是虽然出身华门，但我本性淡泊，不喜欢荣华富贵，出人头地。我只想到寺庙里，与青灯古佛为伴，了此余生，所以，恳求皇上满足我的心愿吧。

徐妙锦削发为尼后，从早到晚虔诚礼佛，从不懈怠。明成祖知道后很感动，也就不再强求。明仁宗即位，徐妙锦留起了长发。明仁宗的张皇后听说了这件事，对徐妙锦的节行赞叹不已，要见徐妙锦一面，于是遣宦官至留都南京，召徐妙锦赴北京。徐妙锦入宫后，十分注重肃拜礼节。张皇后对她很敬重。宫人们见到徐妙锦，都在私下里议论说："这就是拒当皇后的人！"

正统庚申（1440年）正月，徐妙锦卒，享年61岁。按照僧尼习俗，火葬后骨灰葬在徐达家族墓地。

这个故事出自《罪惟录》卷二《皇后列传之徐皇后》。

有人认为，《罪惟录》是私人写的历史，许多都是道听途说来的，不足为证。历史上如果真有徐妙锦，很难想象，拒婚后会是什么结果。但史学家发现，根据明初官员陈琏《琴轩集》记录的徐妙锦墓志，确有徐妙锦其人，至于拒婚的经历，墓志上没有记载，所以也有人怀疑它的真实性。

徐妙锦为什么要拒婚？推断起来，可能有伦理、情感的因素，徐妙锦饱读诗书，感情丰富，大姐尸骨未寒，就去补充皇后的位置，从伦理上难以接受。或许她深知"一入宫门深似海"的道理，与其过着禁锢般的生活，倒不如过着自由自在的生活。

仁孝文皇后去世之后，朱棣一直没再立皇后，这是《明史》记载的事实。有的学者说，朱棣对徐家老大有深厚感情，不忍心再立后；也有学者说，这是因为朱棣想虚位以待徐妙锦的回心转意。当然，这只是猜测。但有一点是肯定的，对徐妙锦的拒婚，朱棣并未采取什么强制措施。要知道，在皇权时代，拒绝圣旨，绝大多数是要杀头的。

我疑惑的是，曹雪芹在《红楼梦》中创作妙玉这个形象时是否受到徐妙锦故事的启发呢。她们都是出家之人，而且名字中都有一个"妙"字，让人生发联想。

秦淮八艳：家家分影照婵娟

崇祯十二年（1639年）七月初七夜晚，秦淮河畔热闹非凡，车马盈巷，秦淮河中舟船云集，唱戏的轮番上场，看热闹的人不计其数。原来这里正在进行一场选美比赛。有20名美女入选，经过一番角逐，一个叫王月的妓女摘得桂冠，她在喜乐声和人们的吆喝声中，登上了领奖台，而其他参赛美女不知何时溜走了，那一晚，宾客联欢，把酒尽兴，直到天明。第二天，文人墨客竞相吟诗，一位叫余怀的文人写道："月中仙子花中王，第一姮娥第一香"，这两句诗被王月绣在丝巾上。

这次选美的结果确实有些令人意外。因为，这位王月是属于北曲中人。那时，秦淮河边的妓女有南曲和北曲之分。南曲妓女住在秦淮河边的河房，色艺俱佳，而北曲的妓女一般住在简陋的小巷之中，条件要差得多。王月属于北曲中女子。据清代余怀的《板桥杂记》介绍，王月，字微波，是三胞胎中的老大，长大后亭亭玉立，明眸皓齿，异常妖冶。在选美开始之前，她便被这次选美大赛的主办者孙临（字武公）包养。孙临将她带至栖霞山下一个叫雪洞的别墅里，一住就是几个月。孙临是大赛的赞助商，他力捧的女子拿个第一名也是很容易的。大赛过后，孙临本欲纳她为妾，不料半路杀出个程咬金。很有权势的蔡如蘅看中了王月，用三千金收买了王月的父亲，便将王月据为己有。蔡如蘅后来做了安庐兵备道，携王月上任，对她宠爱有加。崇祯十五年（1642年）五月，张献忠攻破庐州，活捉了蔡如蘅，并从他府中搜出了王月，将她带到军营，做了"压寨夫人"。后来，王月因一件事触怒了张献忠，遭到砍头的噩运。

南京的选美，从明朝正德以后，一直很热闹，到万历末年达到登峰造极的地步。崇祯年间，常熟籍名士沈雨若移居南京后，广交朋友，花费千两银子搞“定花案”，用某种鲜花来比拟某位名妓。通过评点妓女的姿色、风韵，冠之以相对应的鲜花品种，最后张榜公布，组织游街。嘉靖年间的进士曹大章创立“莲台仙会”，与名流梁伯龙等人品评乐妓，并以此写就《秦淮士女表》，将乐妓们的才情色艺分门别类，设有“女状元”“女榜眼”“女探花”“女解元”“女学史”“女太史”之称。后来潘之恒在他撰写的《金陵妓品》一书中，将32名金陵名妓分为“品、韵、才、色”四类。因此，秦淮妓女就有了“秦淮四美”“秦淮十二钗”“秦淮八仙”“秦淮三十六眷”等多种名号。有人认为，曹雪芹的“金陵十二钗”之说，就来源于秦淮河边的“十二钗”。清末民初金嗣芬所著《板桥杂记补》中说：“时曲中有刘、董、罗、葛、段、赵、何、蒋、王、杨、马、褚，先后齐名，所称‘十二钗’也。此殆俗传小说中‘金陵十二钗’之所本欤。”

在诸多说法中，以“秦淮八艳”最为流行。“秦淮八艳”最早见于余怀的《板桥杂记》。其实，余怀只记录了顾横波、董小宛、卞玉京、李香君、寇白门、马湘兰等六位名妓的故事。柳如是、陈圆圆没有涉及。清末文人缪荃孙认为，之所以没有载录，是余怀当时慑于钱谦益、吴三桂的权势。后人加上了柳如是、陈圆圆，就有了“秦淮八艳”的说法。

后人说“秦淮八艳”，只是说出了秦淮名妓的代表人物，其实，还有一些妓女，或者长相超群，或者才情出众，或者品藻高洁，她们并不在八艳之下。比如，前面所说的王月，还有沙采、顾喜、尹文、张元、李贞丽、葛嫩、范珏、顿文、马娇、朱小大、王小大、董年、崔科……在当时的秦淮河畔都很有名气。

“秦淮八艳”或者出身贫寒，或者出身名门，因家庭变故，被逼走上了这条道路。她们天资聪颖，精通琴棋书画。晚明失落的文人们常常把她们引以为知己。那个时代的人们对文人狎妓似乎很宽容。当时，秦淮河边几乎每一个名妓后面都站着一位名士。马湘兰后面站着王稚登，李香君后面站着侯方域，柳如是后面站着钱谦益，董小宛后面站着冒辟疆，顾横波后面站着龚鼎孳，卞玉京后面站着吴梅村，寇白门后面站着朱国弼。而陈圆圆先是让冒辟疆如痴似狂，后又频频被掠，辗转流离，演出一幕让吴三桂“冲冠一怒为红颜”的甚至影响历史进程的大戏。但如果细细地考察，这些名妓们的人生命运是很悲惨的，很少有圆满的结局。

柳如是

在“秦淮八艳”中，最有才气的，无疑是柳如是。

柳如是（1618—1664年），本名杨爱，字如是，又称河东君，借辛弃疾《贺新郎》词句“我见青山多妩媚，料青山见我应如是”，自号“如是”。柳如是幼即聪慧好学，但由于家贫，从小就被卖到吴江为婢，后来坠入章台，改名为柳隐，在乱世风尘中往来于江浙金陵之间。

崇祯五年（1632年），柳如是嫁给年逾花甲的大学士周某为侍妾。周某死后，柳如是被迫重操青楼旧业。

清代吴焯画《河东君人像》

明崇祯五年（1632年），柳如是流落松江，自号“影怜”，寓意浊世自怜。在松江，她与复社、几社、东林党人交往密切，常着儒服男装，与诸人纵谈时势，和诗唱歌。她与李待问、宋征舆、陈子龙都有过恋情。其中与陈子龙的交往时间最长。他们二人长居松江南楼，赋诗作对，互相唱和。可惜美景不长，陈子龙元配张氏带人上门闹事，柳如是不甘受辱，毅然离去。

明崇祯十一年（1638年），20岁的柳如是结识了原礼部侍郎钱谦益，3年后，23岁的柳如是嫁给了59岁的钱谦益。钱谦益娶柳如是后，为她在虞山盖了壮观华丽的绛云楼和红豆馆，金屋藏娇。两人同居绛云楼，读书论诗，好不快乐。钱谦益戏称柳如是为“柳儒士”。崇祯帝自缢后，清军占领北京，南京建成了弘光小朝廷，柳如是支持钱谦益当了南明的礼部尚书。不久清军南下，当兵临城下之时，柳如是劝钱谦益与其一起投水殉国，钱谦益沉思无语，以“水太冷”作为托词，而柳如是“奋身欲沉池水中”，却给钱谦益硬拉了回来。钱谦益降清去了北京，柳如是留在南京不去。钱谦益做了清朝的礼部侍郎兼翰林学士，半年后便称病辞归。

顺治四年（1647年），钱谦益因黄毓祺反清案被捕入狱，柳如是四处奔走，动用各种关系，救出了钱谦益。

柳如是一直同情抗清义士，尽全力资助，表现出强烈的民族气节。

康熙三年（1664年）五月二十四日，钱谦益去世。乡里族人聚众欲夺其房产，柳如是在家中自尽，年仅46岁。

柳如是与钱谦益生有一女。

柳如是墓址位于常熟虞山锦峰拂水岩下花园浜，墓碑上刻有“河东

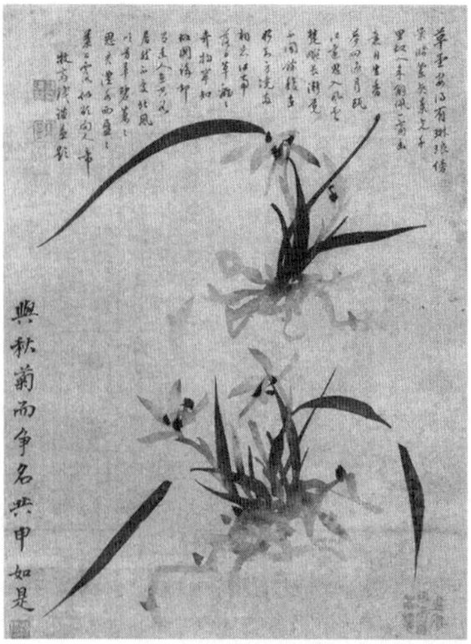
柳如是《香远溢清》

柳如是《山水人物图册》之一

君之墓”字样。

柳如是传世作品有《湖上草》《戊寅草》《尺牍》等。

大学者陈寅恪用了80万字的篇幅为柳如是写传，实属罕见，钱锺书先生认为不值得。陈寅恪在《柳如是别传》说：“虽然，披寻钱柳之篇什于残阙毁禁之余，往往窥见其孤怀遗恨，有可以令人感泣而不能自已者焉。夫三户亡秦之志，九章哀郢之辞，即发自当日之士大夫，犹应珍惜引申，以表彰我民族独立之精神，自由之思想。何况出于婉娈倚门之少女，绸缪鼓瑟之小妇，而又为当时迂腐者所深诋，后世轻薄者所厚诬之人哉！”当一些文化人在忙着与时俱进之际，惟有陈寅恪坚定于自己的“著书唯剩颂红妆”。这位大师为秦淮河畔一青楼女子立传，不管从什么角度说，体现的都是对历史的尊重、对人格的尊重和对独立自由精神的珍视。

李香君

如果有人要你说出“秦淮八艳”的名字，而你不是文史专业研究人员，恐怕很难说全，但李香君这个名字是不会漏掉的。

溥儒画李香君画像

在“秦淮八艳”中，论长相、才气，李香君都排不到前面，但是她的知名度却最高，这要归功于戏曲家孔尚任。自从他的《桃花扇》1699年问世后，李香君这个名字就被世人记住了。

李香君（1624—1653年），又名李香，号“香扇坠”，原姓吴，苏州人。她的父亲原是一位武官，系东林党成员，被魏忠贤一伙阉党治罪后家道败落，8岁随养母李贞丽改姓李，后来成为南京秣陵教坊名妓。李香君

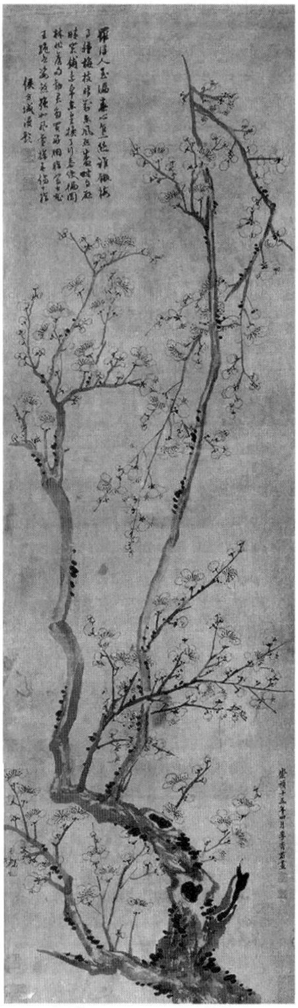

李香君《迎春图》

歌喉圆润，丝竹琵琶、音律诗词无不精通，特别擅长弹唱《琵琶记》。因为养母李贞丽仗义豪爽又知风雅，所住媚香楼的客人多半是些文人雅士和正直忠耿之臣。

关于李香君的长相，余怀在《板桥杂记》中有这样的记载："李香，身躯短小，肤理玉色，慧俊婉转，调笑无双，人名之为'香扇坠'。余有诗赠之曰：'生小倾城是李香，怀中婀娜袖中藏。何缘十二巫峰女，梦里偏来见楚王。'"可见，李香君长得小巧玲珑，皮肤白净，聪慧乖巧，能言会道，很讨人喜欢。

孔尚任在《桃花扇》中所写的情节是这样的——

明崇祯十二年（1639年），刚满16岁的李香君与侯方域（著名复社领袖之一）相遇，两人一见倾心。阮大铖强逼李香君嫁给权要田仰做妾，李香君坚拒不从，倒地撞头，血喷如注，血染侯方域送给她的定情扇。清军南下，南京失陷，李香君逃到了栖霞山，侯方域降顺了清朝，两人相遇时，李香君十分绝望，毅然隔断青丝，遁入空门。

其实，《桃花扇》是文学作品，来源于生活，但不能等同于生活。侯方域有《李姬传》，记载了他和秦淮名妓李香君交往的经过。根据侯方域自己所说，他们在秦淮河畔的确有过一段感情纠葛，但时间不长，似乎分手后就再也没有联系了。孔尚任是根据侯方域的传记以及当时关于李香君的传说创作的，其中不少情节是他虚构的。

关于李香君的结局，还有另外一种传说。清顺治二年（1645年），李香君在南京受尽苦难，躲进栖霞山葆真庵，与昔日秦淮姐妹卞玉京相伴为尼。当年秋天，侯方域在栖霞山找到李香君，二人携手渡江北上，前往侯方域的老家商丘。李香君隐瞒了歌妓身份，住进侯家西园翡翠楼。她与公婆和睦相处，与侯方域元配夫人常氏相互敬重，并以姐妹相称。李香君与侯方域一起度过了8年琴瑟和谐的好时光。这也是李香君一生中最为幸福美满的时期。后来侯方域的父亲侯恂知道李香君是秦淮歌妓的真实身份后，便将她逐出翡翠楼，让她住到离城十五里的侯氏柴草园。李香君因受歧视，终日郁郁寡欢，日久成病，患上肺痨而死，年仅30岁。

在秦淮河畔钞库街38号，有一处仿古建筑，名曰李香君故居——媚香楼。其实，媚香楼早已不存。南京人建这个楼也算是对这位痴于爱情、忠于国家的奇女子的一份怀念之情。在南京的栖霞山，后来建有一座桃花扇亭，传说中这里是侯方域与李香君久别重逢之地。

马湘兰

马湘兰是南京人。

马湘兰（1548—1604年），名守真，字湘兰，小字玄儿，因在家中排行第四，人称四娘。自幼不幸沦落风尘。见过她的人说她“姿首如常人”，相貌并不出众，但为人旷达，性格豪爽，好接济一些潦倒书生。她在绘画上成就很高，曹雪芹的祖父曹寅曾三次为《马香兰画兰长卷》题诗，她的画至今在保存在北京故宫中。她还有《湘兰子集》诗二卷和《三生传》剧本传世。

马湘兰像

24岁那年，马湘兰认识了一位落魄才子——长洲（今属苏州）秀才王稚登。这个王稚登4岁能作对，6岁善写擘窠大字，10岁能吟诗作赋，长大后更是才华横溢。嘉靖末年，他游仕到京

马湘兰《花篮仕女图》

马湘兰《潇湘清逸图》

师，成为大学士袁炜的宾客。因当时袁炜得罪了掌权的宰辅徐阶，王稚登受连累而未能受到朝廷重用。他心灰意冷地回到江南故乡后，放浪形骸。一天，他来到秦淮河畔的幽兰馆消遣，与马湘兰相识。二人言谈颇为投缘，大有相见恨晚之感。后来，王稚登经常进出幽兰馆。可是这个江南才子后来的官场道路走得不顺，感情上也是没有什么担当，也没有给马湘兰一个名分。在这一点上，他和钱谦益、龚鼎孳比差远了。相反，马湘兰则是一位重情的女子。王稚登七十大寿时，马湘兰集资买船载歌妓数十人，前往苏州置酒祝寿，“宴饮累月，歌舞达旦”，王稚登感动得老泪纵横。后来，王稚登这样回忆那次盛会：“四座填满，歌舞达旦。残脂剩粉，香溢锦帆，泾水弥，月姻煴，自夫差以来所未有。吴儿啧啧夸盛事，倾动一时。”在姑苏盘桓了两个月后，马湘兰返回金陵，此时的她已是心力交瘁。不久的一个午后，已有预感的马湘兰，沐浴更衣，然后端坐在“幽兰馆”的客厅中，悄悄地走完了她57年的人生。当死讯传到王稚登那里，他十分悲痛，挥笔写下挽诗：“歌舞当年第一流，姓名赢得满青楼。多情未了身先死，化作芙蓉也并头。”

在“秦淮八艳”中，马湘兰算是善终的了。

董小宛

董小宛（1624—1651年），名白，字小宛，号青莲，别号青莲女史。苏州人，董氏的名与字，均似李白，是因为她仰慕李白而起的。董小宛15岁时，因家境贫困，为生活所迫而沦落风尘。

清代周序绘《董小宛小像》

崇祯十二年（1639年），如皋才子冒辟疆应试金陵，从吴梅村、侯方域等人口中知道了董小宛，此时，董小宛已经在苏州，冒辟疆专程去拜访，两人一见倾心。后来钱谦益以三千金为其赎身，才使得董小宛正式嫁给了冒辟疆为妾。清兵南下，冒家举家南逃避难。途中，冒辟疆几度生病，董小宛精心护理，使之转危为安。顺治七年（1650年），年仅27岁的董小宛因肺病复发去世。她在冒家生活了9年。

董小宛死后，冒辟疆写了《影梅庵忆语》，洋洋四千言，回忆了他和董小宛缠绵悱恻的爱情生活。他对董小宛的感情不能说不真实，但要说他有多深厚的爱情，倒也未必。其实，冒辟疆是一位钟情于烟花巷的风流文人。在秦淮河畔，他最早看上的是一个叫王节的名妓。后来，又喜欢上了很有才情的李十娘、陈圆圆。他与陈圆圆都到了议婚迎娶的阶段，不料中途生变，陈圆圆被国丈田弘遇夺走。他在极度失望之中遇见了董小宛，他决定娶她为妾。

顾横波

顾横波梅花小影

顾横波（1619—1664年）原名顾媚，又名眉，字眉生，别字后生，号横波，应天府上元县（今南京）人。工诗善画，善音律，尤擅画兰，所画丛兰笔墨飘洒秀逸。

崇祯十四年（1641年），顾横波嫁给了“江左三大家”之一的龚鼎孳，洗尽铅华，改名换姓“徐善持”。据清余怀《板桥杂记》记载，顾横波“庄妍靓雅，风度超群。鬓发如云，桃花满面；弓弯纤小，腰支轻亚”，个性豪爽不羁。

崇祯十七年（1644年），李自成攻下京城，龚鼎孳与顾横波阖门投井，未死，被俘虏，受拷掠。当年五月，龚鼎孳降清，后来仕途亨通，做了礼部尚书。龚鼎孳正室董氏因已受明朝诰命，便把封号给了顾横波。顾横波堂而皇之接受了诰命，封为“一品夫人”。

1657年，龚鼎孳携顾横波重游金陵。一天，顾横波在文德桥遇见了身着和尚衣服的阎尔梅，阎尔梅是一位反清复明的斗士，此时正值清军追捕，顾横波巧妙地掩护了阎尔梅，使之摆脱了危险。

康熙三年（1664年）秋，顾横波一病不起，卒于北京铁狮子胡同，远在江南的阎尔梅、柳敬亭、余怀在安徽庐州开吊设祭。

龚鼎孳写有《白门柳传奇》流传于世，回忆顾横波的一生。

顾横波像

顾横波17岁时所绘《兰花图》扇面现藏于故宫博物院中。

在“秦淮八艳”中，顾横波的命运也算是好的了。

卞玉京

卞玉京像

卞玉京（约1623—1665年），又名卞赛，字云装，后自号“玉京道人”，习称玉京。卞玉京是土生土长的南京人，出身官宦之家，父亲不幸早亡，家庭破败。卞玉京携妹妹卞敏一起到秦淮河上出卖色艺。卞玉京诗琴书画无所不能，尤擅小楷，还通文史。她的绘画艺技娴熟，落笔如行云，“一落笔尽十余纸”，喜画风枝袅娜，尤善画兰。

卞玉京曾与明末清初的著名诗人吴梅村有过一段感情。崇祯十四年（1641年）春，吴梅村在南京饯送胞兄吴志衍赴任成都知府，席间认识了卞玉京姐妹，他一下子被卞玉京的美貌、气质与才气所吸引。从此，吴梅村与卞玉京开始了频繁交往，感情日笃。再后来，吴梅村收到卞玉京的一封信，知道了卞玉京想嫁给自己的想法后很矛盾。恰在此时，他还听到一个消息，崇祯帝的宠妃田氏的哥哥田畹来金陵选妃，已经看中陈圆圆与卞赛。吴梅村更加胆怯了，只在卞玉京的寓所吹了几支曲子便凄然离去。

两年后，卞玉京嫁给了一个世家弟子郑建德，相处一段时间后很不如意，便在苏州出家当了女道士。后来，她依附于七十余岁的名医郑保御，皈依佛门。为报郑保御收留之恩，卞玉京用三年时间为郑氏刺舌血书《法华经》。钱谦益想见她，也未能如愿。

卞玉京再后来隐居无锡惠山，病逝后葬于惠山柢陀庵锦树林。

寇白门

寇白门像

寇白门，名湄，字白门，生于1624年，南京人，人称“女侠”。余怀说：“白门娟娟静美。跌宕风流，能度曲，善画兰，相知拈韵，能吟诗，然滑易不能竟学。”

17岁那年，寇白门以为自己遇见了生命中的贵人，从此可以改变命运。她嫁给了声势显赫的功臣保国公朱国弼。按照风俗，明代金陵的乐籍女子，脱籍从良或婚嫁都必须在夜间进行。朱国弼为了显示威风，特地安排五千名手执红灯的士兵从武定桥开始，沿途肃立到内桥朱府，盛况空前，成为明代南京最大的一次迎亲场面。

朱国弼实际上是一个圆滑狡黠的官僚，他迎娶寇白门只不过是一时的冲动，几个月后便暴露出薄情，将寇白门丢在一边，依旧寻花问柳。

清军南下后，朱国弼投降了清朝，不久入京师，又被清廷软禁。他打算把寇白门以及随身的歌姬婢女一起卖掉，寇白门对他说："若卖妾所得不过数百金，若使妾南归，一月之间当得万金以报公。"朱国弼思忖后应允。寇白门带着婢女斗儿返回金陵。寇白门在旧院姊妹帮助下筹集了两万两银子将朱国弼赎释。这时朱国弼想重修旧好，但被寇白门断然拒绝。她说：当年你用银子赎我脱籍，如今我也用银子将你赎回，算是一笔勾销了。

樊圻、吴宏画寇白门像

寇白门再次回到金陵重操旧业。余怀说她"筑园亭，结宾客，日与文人骚客相往还，酒酣耳热，或歌或哭，亦自叹美人之迟暮，嗟红豆之飘零"。这是一种放纵，也是一种无奈。她的生命之舟只能随波逐流，无力改变。后来，她又与扬州的一位孝廉相好，没有多久又回到金陵。据余怀记录，寇白门后来尽管年岁已大，还与秦淮河畔的那些少年玩在一起。她与其中的一位姓韩的少年过从甚密。当寇白门生病时，她多么希望这位韩公子能在身边陪伴，可是，这位韩公子竟然假托有事溜掉了。待到半夜，她听到韩生与隔壁的婢女在一起打情骂俏声，于是，她把那位韩公子喊出来痛骂了一顿。后来，她的病情加重，不久就辞世了。钱谦益作《寇白门》诗追悼她："丛残红粉念君恩，女侠谁知寇白门？黄土盖棺心未死，香丸一缕是芳魂。"

陈圆圆

陈圆圆像

陈圆圆（1623—1695年），原姓邢，名沅，字圆圆，又字畹芳。出身于货郎之家，母亲早亡，育于姨夫家，从姨父姓陈。陈圆圆自幼冰雪聪明，惊艳乡里。时逢江南灾年，重利轻义的姨夫将圆圆卖给苏州梨园。陈圆圆扮演《西厢记》中的红娘，明艳出众，观者好评如潮。

崇祯十五年（1642年）春，陈圆圆被外戚田弘遇劫夺入京。陈圆圆入京后，成为田弘遇家乐演员。田弘遇因贵妃去世，日渐失势，为了巩固自己的地位以及在乱世中找到倚靠，有意结交当时声望甚隆且握有重兵的吴三桂。田弘遇曾盛邀吴三桂赴其家宴，并让一群歌姬出来吹拉弹唱以助兴，其中一位画着淡妆的美丽女子深深吸引了吴三桂。这位歌姬就是陈圆圆。看到吴三桂喜欢陈圆圆，田弘遇顺水推舟便将陈圆圆赠送给了吴三桂，并亲自置办妆奁送至吴府。李自成农民军攻占北京后，陈圆圆为刘宗敏所夺。吴三桂本欲投降农民军，但得知陈圆圆遭劫后，冲冠一怒，愤而降清。在吴三桂所部和清军的联合夹击下，李自成农民军遭受重创，仓皇逃离北京。吴三桂在乱兵中找到了陈圆圆。此后陈圆圆一直跟随吴三桂辗转征战。吴三桂平定云南后，陈圆圆进入了吴三桂的平西王府，一度“宠冠后宫”。吴三桂本来欲立陈圆圆为正妃，陈圆圆托故辞掉。陈圆圆失宠后，吴三桂曾想杀了她，陈圆圆得悉后，削发为尼，在五华山华国寺绣佛。后来，吴三桂在云南宣布独立，康熙出兵云南，昆明城破，吴三桂战死，陈圆圆亦自沉寺外莲花池，死后就葬在莲花池畔。

昆明莲花池陈圆圆塑像

“秦淮八艳”是秦淮河畔青楼女子的代表。晚明这一批青楼女子，与文人雅士们唱和相与，留下佳话，这与秦淮河畔的科举文化、世俗文化等都有不可分割的联系，对青楼文化的探究，也折射出晚明文人的复杂心态，是很值得研究的文化现象。不然，陈寅恪就不会为柳如是立传了。如果非要用现代人的道德标准来衡量历史的话，一切研究就无从谈起，历史也就越来越隔膜。现代的人们大可不必讳疾忌医。

时至今日，提到这些奇特的女子，提到秦淮河边“青楼文化”，有人不悦，有人不屑，显得若即若离，态度暧昧。关于这些曾经鲜活的美丽女子，如今在秦淮河边唯一有迹可循的是李香君故居，这勉强算是一种痕迹和追怀。为何独独选择李香君，我想大约也是因为孔尚任在《桃花扇》里予以她极其正面的爱国贞烈形象，使得这种纪念显得比较理直气壮。可时光走到2005年，秦淮河夫子庙泮池边建起一堵文化墙，文化墙上布置了一个名为《秦淮流韵》大型浮雕，上面有25位与南京有着密切关系的名人塑像，其中“秦淮八艳”入选，仿佛一石激起千层浪，立即引发了南京人的一场大讨论，其中反对的声音十分强烈，大意如，历史上夫子庙是一个尚儒之地，文人才子不绝于此，以“秦淮八艳”代表夫子庙会给百姓留下很坏的印象。宣扬“秦淮八艳”其实是一种文化堕落；如此宣扬“秦淮八艳”们的那些风流韵事，把她们当作历史精粹文化，不是主张现在的人们追逐风花雪月、沉迷于声色、糜烂于纸醉金迷的生活吗？

其实很多人没有意识到，在中国古代，女子作为一个群体，出现在文人墨客的辞章中，大约只有南京的这批女孩有此待遇。按照余怀等为她们所画的像，那真是个性鲜明，宛然若生。且不提她们在书画诗文方面的表现，单是她们在朝代更迭、国家兴亡之际所展现出的情操和品格，便为同时代许多人所不及。偏要对她们的绮丽声色念念不忘横加指责，是不是有些偏颇呢？

好在“秦淮八艳”的雕像最后还是落成了。如今，游览十里秦淮河，坐在画舫中，便可以欣赏到河畔的“秦淮八艳”雕像。

纪映淮：栖鸦流水点秋光

那个时代，绝大多数女子是不读书的，但也有例外，比如纪映淮。

纪映淮，生于明万历四十五年（1617年）秋，父亲纪青是南京名士，母亲刘玉涵是苏州人，出身官宦之家，懂诗文。哥哥纪映钟是著名诗人。所以，纪映淮自小就接受了很好的家庭熏陶。因纪家面钟山，临秦淮河，母亲怀孕时约定生男孩名映钟，生女孩名映淮。

纪映淮，小字阿男，人称纪阿男。她还有一个字：冒绿，很有意思，这个字让人联想到春天，春风吹拂，树木冒绿，渐渐展现出一派生机的景象。

由于自小受到良好的家庭教育，加上自己的努力，聪颖的纪映淮从小时候就展露出过人的才气。有关她的传说很多。9岁那年，父母带她到莫愁湖看荷展。荷展上有联句的游戏。看见一群人在对句，纪映淮挤到前面，看到出句是"叶出尖角问晴天"，不少人在议论着怎么对。纪映淮脱口而出："花退裂盘笑丽日。"周围人啧啧称赞。

明代崇祯年间，纪家客居绍兴。纪映淮父亲纪青认识了绍兴知府杜其初，两人交往甚密。杜其初是山东莒州进士，他有一个儿子叫杜李，非常聪慧，且有诗才，与纪映淮同龄。纪家与杜家结了亲家。纪映淮与杜李婚后夫妇联韵，琴瑟谐美。崇祯十年（1637年），杜其初任满归里，家住莒州城解元坊街。18岁的纪映淮从此随夫在莒州城居住。翌年，纪映淮生一子。崇祯十三年，杜其初病逝，从此杜家家道日衰。1642年3月，清兵南下，莒州城危急。杜李带领数十位热血青年坚守城池、顽强抵抗，终因寡不敌众，城破殉难。杜李死后，纪映淮撰写了一副挽联："嫠燕偎雏润杜宇，孤蝶傍枝余李花。"联中暗含丈夫杜李之名，表达泣血椎心之痛。自此，纪映淮和年已七旬的婆母、6岁的幼子相依为命。国难家难之后，纪映淮不再作诗。

纪映淮早年在南京生活，写了很多诗，后来大多散佚，流传下来的只有十来首诗词。

《即景》诗是她早年的作品，读来感觉清新：

杏花一孤村，流水数间屋。
夕阳不见人，牯牛麦中宿。

《咏秋柳》最为有名：

栖鸦流水点秋光，爱此萧瑟树几行。
不与行人绾离别，赋成谢女雪飞香。

这首诗曾在社会上广为流传。其中的"栖鸦流水点秋光"，一时成为文人们竞相传播的名句，清代莒州生员复试时就曾以此句作为题目。

顺治十八年（1661年），清初诗界领袖王士祯在扬州任推官时，有一天来到金陵，游览了秦淮河后，一口气写下了14首《秦淮诗》。其中一首写道：

十里清淮水蔚蓝，板桥斜日柳毵毵。
栖鸦流水空萧瑟，不见题诗纪阿男。

"栖鸦流水"出自纪映淮的《咏秋柳》。从诗歌看，诗人对才女纪映淮是抱有赞赏之情的。纪映淮的哥哥纪映钟看到王士祯的这首诗，很不以为然，曾写信责备王士祯说：“公诗即史，乃以青灯白发之嫠妇，与莫愁、桃叶同列，后人其谓之何？”纪映钟的意思，我家妹妹现在已经是寡居之人，而你竟然将我可怜的妹妹与秦淮名妓莫愁、桃叶一起作为吟咏的对象，后人怎么看待这件事呢？其实，纪映钟的指责没有什么道理。王士祯只是引用了纪映淮的诗句，表达了物是人非的感慨而已。纪映钟的来信，王士祯还是很重视的，他当即复信表达了歉意。康熙七年（1668年）王士祯调任礼部仪制司时，仍不忘旧事，奏请朝廷旌表纪映淮，“聊以忏悔少年绮语之过”。直到后来他侄子王启大任职莒州学正之时，他还让侄子搜集纪映淮的遗诗。朝廷接受了王士祯的建议，令莒州知州在杜府门前建了一个木牌坊，以表彰纪映淮的节操。木坊落成的第二天晚上，纪映淮找来几头耕牛，将牌坊拉倒，以示国亡家破之恨，随后出走他乡。据说，纪映淮弃家离走时，还用白纸写了一副对联贴在府门上：“义士洒血照日月，节妇食泪赡孤亲。”知州知道后，怕朝廷追究，谎拟了一个报告，称纪映淮算不上贞女，所以，建造的木牌坊自己倒坍了，这个女人无颜见街坊父老，弃宅而逃，不知所往。就这样把这件事算是搪塞过去了。

纪映淮后来在穷困潦倒中度过余生，大约卒于清康熙中期，活了七十多岁。

今天，桃叶渡牌坊的对联“楫摇秦代月，枝带晋时春”，就是出自纪映淮的《桃叶歌》：“清溪有桃叶，流水载佳人。名以王郎久，花犹古渡新。楫摇秦代月，枝带晋时春。莫谓供凭览，因之可结邻。”

王贞仪：我国第一位女天文学家

今人画王贞仪像

“谁言女儿不英雄？”“尝拟雄心胜丈夫。”这两句诗的作者是清朝乾隆年间的一位奇女子。

说她奇，是因为她做了那个时代一般女子根本不可能做到的事情。她喜欢仰望星空，观察日月星辰的变化轨迹。她喜欢数学，对勾股定理做出了解释。她精通医学，写了医学专著。她的诗词写得也不错。她对历史、宗教都有自己独到的见解。她还涉猎绘画、书法、篆刻等艺术。

她是我国第一个女天文学家、第一个女算学家。

她简直就是一位奇才。

要知道，她生活在250年前的乾隆时代。

她的名字叫王贞仪。

王贞仪生于乾隆三十三年（1768年），卒于嘉庆二年（1797年），字德卿，号江宁女史。原籍安徽天长，祖父迁居江宁（今南京）。她是在南京长大的。她的祖父王者辅，字惺斋，曾任丰城知县和宣化知府，精通历算，著述甚丰，其藏书丰富，有七十五橱之多，这些书籍对王贞仪的成长以及兴趣培养产生了重要影响。王贞仪的父亲王锡琛，生活坎坷，屡试不第，但他精通医学，以行医为业，在他的影响下，王贞仪后来对医学也颇有研究。对王贞仪在科学研究方面影响最大的还是她的祖父。王贞仪说："贞仪幼侍大父惺斋公，公细训以诸算法。即长，学历算，复读家藏诸历算善本十余种，潜心稽究十余年。"她的祖父因事获罪，谪戍吉林。她11岁那年，祖父病死。她随祖母到吉林为祖父奔丧，在此生活了5年。这期间，她有机会认真研读祖父的藏书。她从小天资聪颖，胸有大志，少女时代就表现出不同于一般女子的坚强性格。她学习骑马射箭，练就了一副好本领。史书说她"跨马横戟，往来如飞"，达到"发必中的"的程度。她还得意地写下诗句："亦曾习射复习骑，盖调粉黛逐绮靡。"16岁那年，她跟随父亲回到了江南。不久又陪祖母、父亲到过北京、陕西、湖北、广东和安徽等地，游览名山大川、古迹名胜，开阔了眼界，增长了见识。她回忆这一段的生活说："忆昔游历山海区，三山五岳快攀途。足行万里书万卷，尝拟雄心胜丈夫。"19岁那年，她回到了南京。

王贞仪认为男女应该平等，"同是人也，则同是心性""岂知均是人，务学同一理"。她认为，学问并不是专门为男人而设的，女子的智慧并不比男子差，学成了一样有益于社会。她曾以花木兰、大小乔等为题材，写下了《题女中大夫图》的长诗，表达自己要像男人一样去生活、学习的愿望。

王贞仪在自然科学上的成就主要在天文学与数学方面。在几千年的封建社会，一般人是接触不到天文学的，更何况一个弱女子。王贞仪得益于良好的家庭出身和一个懂科学的祖父。21岁那年，她为了研究月食现象，在家里做起了实验。她把房梁上一盏燃着蜡烛的吊灯当作太阳，把圆桌当作地球，手里还拿着一块镜子当作月亮，通过不断变换月亮、地球、太阳之间的相对位置来研究日月食的形成原理以及月食同朔望月的关系。经过多次模拟实验和观测，王贞仪终于搞清了日月食的原理。她在《月食解》中说，太阳照耀月亮，月亮才有光。但地球只要不在太阳直射月亮的光束中，人们看到的就只是一个侧面，成了半圆月或弯月。朔月的时候，只要太阳和月亮近于黄白二道（黄道：从地球上看太阳一年的运行轨迹；白道：月球的运行轨迹）的交点，太阳光被月亮所遮，就会出现日食。由于太阳高，月亮低，相隔非常遥远，因此随观测者位置的不同，见到的食分（日食的程度）就不同。只要月亮进入地球的影子，就会发生月食。她所阐述的日月食成因的理论，同现代天文学的认识完全一致。

那个时代，对于地球是一个圆球的概念，很多人是不知道的。也有人问，如果是圆的，那站在地球的“边缘”和“下半球”的人为什么不会倾斜和摔倒呢？王贞仪也在思考这个问题。经过仔细研究，她对这个问题做了通俗的解释，写成了论文《地圆论》。她说，人们生活的地球，处于四周都是天空的空间之中，对宇宙空间来说，任何地方的人头上都是天，脚下都是地。王贞仪正确地认为，在广阔无垠的宇宙空间中，没有上、下、侧、正的严格区别。这是一个很可贵的认识。

王贞仪对探索宇宙星辰的奥秘有着浓厚的兴趣。她不仅阅读中外天文著作，还长年坚持夜观天象，日算星辰，日积月累，取得了丰富的天文数据资料。天文学离不开计算。王贞仪也喜欢数学。她对清初历算家梅文鼎的研究成果非常推崇，尤其看重他的《筹算》和《历算》。她注意吸取包括梅文鼎在内的中西算法之长，化繁为简，灵活运用，不受旧方法旧思想的束缚。她在《勾股三角解》中有精彩的论述："中西固有所异，而亦有所合。然其法理之密、心思之微，而未可以忽视。夫益知理求是，何择乎中西？唯各极其兼收之义。"她对西洋传入的天文学有自己的认识，认为"西历虽至密，亦未能言概准"，"有所行，即有所不行；有所是，即有所不是"。生活在18世纪下半叶的一位妇女，能有这样的见地，真是绝无仅有。她还用通俗的方法，写出《筹算易知》《历算简存》等数学专著。

可以想象一下，王贞仪在追求科学的道路上是多么艰难。首先是为那个时代的观念所不容。当时的社会普遍认为"女子无才便是德"，女孩子应该在闺房里为女红为主，不应以文史翰墨为事。而王贞仪不这样认为，她在一首诗中写道："始信须眉等巾帼，谁言儿女不英雄。"其次，那个时代也没有大学可上，她主要是依靠祖父的启蒙教育和后来的自学。这对一个从事天文学研究的人来说，简直不可思议。再者，那时社会上没有从事天文、数学研究的职业，研究也不会给她带来任何收入，甚至出版印刷都极为困难。可这些都没有难倒这个弱女子，因为她喜欢科学。她要让自己活得自然、真实、充实。她在《自箴》说："人生学何穷，当知寸阴宝。所难在践实，所尚在闻道。"在《咏怀》中写道："读书贵实用，浮词亦何补。"从事科学，要认真观察，坚持实验；从事文学，就要有感而发，不能无病呻吟。

王贞仪也喜欢文学，她的文章"为诗文皆质实，说事理不为藻采"。她的诗词都是有感而发，朴实无华，比如这首《秦淮》写道："秦淮胜地旧留名，赢得青溪太艳生。两岸楼台才子面，四时风月美人评。歌调玉管莺喉腻，灯结琼珠雀舫轻。谁道飘零惜金粉，繁华犹是六朝情。"几乎不用典故，读来清新自然。她的诗词作品收在《德风亭诗钞》《德风亭集》中。德风亭，是她在南京的故居。

她反对搞迷信活动。当时，有人利用天文搞“风水”。在《葬经辟异序》里，王贞仪明确表示这些东西绝不会影响子孙后代的贫富贵贱。还有人抬出所谓“风水”本是古代圣贤倡导的，以此来吓唬她，王贞仪指出，这正是圣贤的缺点，学古人必须取批判态度。

王贞仪致力于科学研究，对自己的婚事一再推迟，直到25岁才和安徽宣城人詹枚结婚，这在那个时代绝对是晚婚了。詹枚也是一位诗人，在事业上给她了不少帮助与支持。王贞仪生来体弱，加上漫游奔波、苦读、钻研科学、著述等方面的巨大消耗，身体每况愈下。1797年（嘉庆二年），她染病不起。生病期间，她同丈夫一起删定了平生诗文稿。临终前，嘱咐詹枚将手稿全部交给在金陵的友人。她对丈夫说：“君门祚薄，无可为者，我先君死，不为不幸。”意思是说，夫君家境薄弱，如果我再这样研究下去，恐怕力不能及了，所以，现在我离去也未尝不是一件幸事。此番话语，读来令人不胜唏嘘，可以想见王贞仪生前做研究的条件并不宽裕。王贞仪和詹枚没有留下子女。她离世时，年仅29岁。

王贞仪在那个时代绝对算是一个异数。她短暂的一生，犹如一道耀眼的闪电，划破无比寂静的夜空，为长期受封建禁锢的中国女性增添了无限光彩。她的著述有56卷之多。在天文学方面有《星象图解》《象数窥余》《岁轮定于地心论》等，在数学方面主要有《历算简存》《筹算易知》《重订筹算证讹》和《西洋筹算增删》等，在诗词文学方面有《德风亭初集》《德风亭二集》等。这些成果，对于一位只活了29年的女子来说，实在是太壮观了！

当时和后世的学者对王贞仪的评价很高。清代著名学者钱大昕赞扬她："班昭之后，一人而已。"班昭的才能主要表现在文史方面，而就科学的成就来说，王贞仪无疑是中国古代历史上独一无二的才女！况且，班昭宣扬"三从四德"、男尊女卑的思想，而王贞仪则倡导男女平等的观念，不可同日而语。

随园女弟子：才女尽为诗弟子

袁枚像

晚明有一个很有意思的现象：秦淮青楼女子中很多都有诗画才能，而那个时代的良家女子反倒默默无闻。到了清代，情况发生了变化，良家爱读诗书、吟诗作画的女才子渐渐多了起来。据胡文楷《历代妇女著作考·自序》所言："清代妇人之集，超轶前代，数逾三千。"民国学者编辑的《清代闺阁诗人征略》就收了1262名女诗人。清代女诗人大量涌现，与时代的发展、观念的开放有关，也与少数思想开放的文人大力倡导有关。这当中有一个大文人不能不提，他就是袁枚。

袁枚，浙江钱塘人，生于康熙五十五年（1716年），卒于嘉庆二年（1789年）冬，字子才，号简斋，晚号随园老人，也称随园先生。他是乾嘉时代的诗坛领袖，33岁就辞官回到南京的随园，过起赋闲的生活。随园是袁枚的终老之所，也是他在半个多世纪中与文友、弟子们谈书论诗的场所。

袁枚晚年招收女弟子，的确是惊世骇俗之举，要知道，在袁枚的时代，还没有出现女子学堂教育。封建教育观阻断了女子受正规教育的途径。女子不可以科考求功名、不可以介入政治，甚至不该作诗。但袁枚不这样认为，他不同意"女子无才便是德"之说。他认为，女子写诗不比男人差。孔子编诗三百，以《关雎》《葛覃》《卷耳》排

女弟子席佩兰（中）、徐裕馨（右）

在前头，这些都是女子之诗。所以，他在《随园诗话》里推荐了很多女诗人的诗作。

同时代人说袁枚："才女尽为诗弟子，名流多是老门生。"（孙昌时《赠随园太史》）"子才一生享诗之福，四方执贽请谒者，桃李盈门。而闺阁才媛，奉杖履者，多至有女如云。"当时的闺阁才媛，以能成为随园弟子而感到自豪，向外称"吾随园授业弟子""吾随园私淑弟子"。随园女子数可考者有四五十人。另外，袁枚家族诗人袁机、袁杼、袁杰、袁棠，都从袁枚学诗，亦可排入女弟子之列。如此大规模的闺阁才女加入诗歌创作队伍，吟诗结社，在当时必然会引起关注，其影响也是深远的。袁枚还为女弟子们刻印了《随园女弟子诗选》。

从随园女弟子的籍贯看，以苏杭地区最多。乾嘉时期，江南经济繁荣，社会安定，富庶之家众多。一些大家世族，或为子孙求仕，或为追求风雅，皆以读书作诗为荣为乐，形成书香门第。这其中就培养了不少好学好诗的女子。在袁枚的同时代，杭州地区就出现了"蕉园

鲍之蕙（左）和“闺中三大知己”之一金逸（中）

七子”，苏州地区出现了“吴中十子”，它们都是以女子结社形式出现的，这在一定程度上反映了苏杭地区对女子受教育的重视。但随园女弟子无论从规模还是从影响看，都是吴越地区最主要的女子创作主体。随园女弟子中，苏州有金逸、金兑、王碧珠、江碧珠、朱意珠、尤澹仙、何玉仙、周醴兰、张滋兰、顾琨等10人；吴江有严蕊珠、汪玉轸、吴琼仙、袁素芳等4人；常熟有席佩兰、归懋仪、屈秉筠等3人；太仓有毕慧、张绚霄、周月尊3人；杭州有孙云凤、孙云鹤、张瑶瑛、汪瓒祖、汪女申、汪女中、钱林、孙廷桢、徐裕馨、陈长生、张秉彝、张钰、王玉如、悟桐、袖香、月心16人；绍兴有潘素心、王倩2人。此外，袁枚家族女诗人袁机、袁杼、袁杰、袁棠，都生活在南京，也可作南京人计。

这些女弟子或出生于官宦之家，或嫁入书香门第，经济生活优裕，学习环境优越，闲暇较多，可安心作诗。例如席佩兰，其夫孙原湘为乾隆举人，嘉靖进士，亦工诗文；张绚霄、周月尊皆为尚书毕沅之妾；毕慧乃毕沅之女；钱浣清是尚书钱维域之女，嫁道员崔见龙；

孙云凤、孙云鹤为四川按察使孙嘉乐之女；王玉如，为孙嘉乐之妾；潘素心，知州潘汝炯之女，嫁给了嘉庆年间的进士、曾任福建学政的汪润之。

女弟子中不少人都有诗稿留下。袁枚的三妹袁机有《素文女子遗稿》，四妹袁杼有《楼居小草》，堂妹袁棠有《绣吟余稿》《盈书阁遗稿》，合刊为《袁家三妹合稿》。席佩兰有《长真阁集》，金逸有《瘦吟楼诗草》，严蕊珠有《露香阁诗存》，金兑有《湘芷存稿》，孙云凤有《玉箫楼诗集》，孙云鹤有《听雨楼词》，钱浣青有《浣青诗钞》，王倩有《寄梅馆诗钞》，潘素心有《不栉吟》。

从创作内容看，随园女弟子受到袁枚性灵说的影响较深，所写的诗歌多崇尚个性，强调自我，抒写真情。

在诸多女弟子中，有几位女弟子最为袁枚所器重，她们是常熟的席佩兰、苏州的金纤纤、吴江的严蕊珠、杭州的孙云凤。

袁枚在《随园诗话·补遗》中说："余女弟子虽二十余人，而如（严）蕊珠之博雅，金纤纤之领解，席佩兰之推尊本朝第一，皆闺中之三大知己也。"

在袁枚看来，在女弟子中要数席佩兰为第一。席佩兰（1760—1829年）是常熟人，内阁中书席宝箴孙女。擅画兰，自号佩兰。后嫁给常熟文人孙原湘。席佩兰自小就聪明伶俐，喜欢读书，尤其喜欢吟诗作画。她丈夫孙原湘也喜写诗，是袁枚的学生，且是性灵诗派中的重要成员。夫妇俩志趣相同，情投意合，经常在窗前灯下吟诗作对，相互切磋。孙原湘说他们夫妻俩："赖有闺房为学舍，一编横放两人看。"也许是受丈夫的影响，佩兰对袁枚十分钦佩，很想成为袁枚的女弟子。在丈夫的鼓励下，她毅然写诗求教随园老人："愿买杭州丝五色，丝丝亲自绣袁丝。"袁枚收到席佩兰的诗后，开始还不相信她的诗才，甚至怀疑她的诗是由其丈夫代作的。有一年春天，袁枚亲自到常熟登门造访孙原湘，见到了席佩兰，这才相信了。袁枚称赞席佩兰的诗作："字字出于性灵，不拾古人牙慧，而能天机清妙，音节琮琤"（袁枚《长真阁集题辞》），并且感叹："似此诗才，不独闺中罕有其俪也。"

一年冬天，袁枚再次来到常熟，给他的女弟子带来了刚印成的由他选编的《随园女弟子诗选》。席佩兰打开诗集一看，自己的诗作竟赫然列在首位，不禁激动万分，当即挥毫写下两首诗献给老师，其中一首写道："得攀骥尾原知福，直冠峨眉却过情。恰如春风吹小草，青青翻获领群英。"

席佩兰著有《长真阁诗稿》《傍杏楼调琴草》。

金逸（1770—1794年），字纤纤，江苏常州人。嫁给同乡陈基。生来小巧，身体清瘦，但才思敏捷，诗写得很好，与江珠、陈雪卿、杨蕊渊、李佩金等女史结诗社，后来拜师袁枚门下。可惜她生病不治，25岁就辞世。袁枚痛惜不已，为她写墓志铭《金纤纤女士墓志铭》。金逸著有《瘦吟楼诗》《虎山唱和诗》。

严蕊珠，生卒年不详，字绿华，著有《露香阁诗存》。18岁那年

孙云凤、孙云鹤姐妹

拜师袁枚。她曾对袁枚说："先生之诗专主性灵，故运化成语，驱使百家，人习而不察，譬如盐在水中，食者但知盐味，不见有盐也。然非读破万卷且细心者，不能指其出处。"一番议论，颇有见解，袁枚欣赏不已。可惜也是红颜薄命，20岁就辞世了。

孙云凤（1764—1814年），出身官宦之家。其父亲孙嘉乐是四川观察使。孙家三姐妹云凤、云鹤、云鹏，之间年龄均相差三岁，自幼都聪慧乖巧，不但才情出众，而且一个比一个漂亮，在杭州的名媛闺秀中可谓出尽了风头。她们同入袁枚门下学诗。三姐妹中最出色的要算大姐孙云凤了。她不仅外貌佳，才气在三人中也略高一筹，而且是三人的领袖。每当有闺友诗文聚会，她总是带着两个妹妹去参加。若是孙家发起聚会，都由孙云凤主持，人称"扫眉才子"。孙云凤有诗词集《湘筠馆诗词》。袁枚有《二闺秀诗》："扫眉才子少，吾得二贤难。鹫岭孙云凤，虞山席佩兰。"

乾隆五十五年（1790年），袁枚回杭州扫墓，孙云凤闻讯后，邀集了杭州城里所有的袁门女弟子，为老师洗尘。两年后，袁枚重游天台山，途径杭州，孙云凤再次举办诗社雅集。两次雅集均在袁枚的世交孙令宜的西湖宝石山庄内湖楼举行。袁枚请尤诏和汪恭二位画家共同创作了《随园女弟子湖楼请业图》，并亲笔题跋，记录了西湖雅集的盛况。《随园女弟子湖楼请业图》现在仍然保存于世。

在袁枚之前，明代李贽曾收过女弟子，清初的毛西河收过女弟子，但都是偶尔为之，所收女子也是个别人，像袁枚这样招收四十多位女弟子是前无古人的。袁枚招收女弟子之举，可谓开一时之风气，为时人和后世提供了范例。比如，在袁枚之后，文人陈文述（1771—1843年）也曾招收女弟子，并刊刻《碧城仙馆女弟子诗》。

傅善祥、洪宣娇、苏三娘：太平天国三巾帼

太平天国妇女服饰

太平天国离现在并不遥远，从太平军占领南京的1853年算起，也就160多年。可是，太平天国的历史一直云雾缭绕，让人模糊难辨。对太平天国的评价也呈现出截然不同的指向。就拿太平天国的一些人物来说，也是影影绰绰，斑驳陆离，真实与传说相夹杂，似是而非，似非而是，让人很难看清真面目。

与太平天国有关的三个女人——傅善祥、洪宣娇、苏三娘，就有很多种传说版本。其中，传说傅善祥是“文状元”，洪宣娇与苏三娘是驰骋沙场的女将。关于她们的事迹，也不全是街谈巷闻，当时人写的一些笔记如谢介鹤《金陵癸甲纪事略》、汪堃《盾鼻随闻录》、沈懋良《江南春梦庵笔记》都有零星的记载。但时局混乱，很多可能是作者道听途说。她们的名字还见于当时编辑的文献记录资料，如张德坚《贼情汇纂》。但资料来源庞杂，也不是很可靠。再有，就是清代人明确标明的野史、演义之类，都把她们作为重要的人物写进作品中。如清代凌善清的《太平天国野史》、黄世仲的小说《太平天国演义》等，都属于这一类。这类通俗作品由于传播面广，影响极大。直到当代，一些通俗作品，也都以这类野史为蓝本进行演绎，如阳翰笙的话

剧《天国春秋》、单田芳的评书《百年风云》等，都有洪宣娇、苏三娘等女性的形象出现。由于作者立场的不同，他们所塑造的这些女性形象也就泾渭分明。比如，清末的《点石斋画报》称这些太平天国的女性为“长毛女贼”；而《洪秀全演义》是反清的，所以塑造的洪宣娇形象就很正面，她率领女兵奋力搏杀；单田芳的《百年风云》也将洪宣娇与苏三娘写成了女英雄。

傅善祥

有人说傅善祥是我国历史上第一个也是唯一的女状元，也有人认为她根本不是什么女状元，至多只是洪秀全选拔的一个军中女文书，还有人说历史上根本就没有这个人，只是小说野史编造的。

根据野史描述，傅善祥大概出生1833年左右，清末金陵（今南京）人，出生于书香世家，自幼聪慧过人，喜读经史。8岁那年，父母相继去世，家道衰落。13岁，她的哥哥遵照父命把她嫁给了指腹为婚的李氏人家。丈夫比她小6岁，是一个懵懂无知的孩童。18岁那年，丈夫得麻疹去世了，年轻的傅善祥一夜之间成了寡妇。婆婆家打算将她卖掉。此时，正值太平军攻占南京并将之更名为天京，作为天国的首都。在无路可走的情况下，傅善祥投奔了太平军。

1853年春末，洪秀全颁布诏书，开甲取士，同时打破常规，增加女科，这在历史上是破天荒的。男科的主考官是东王杨秀清，女科主考官是洪宣娇。傅善祥报名参加女科考试。考题中有一道取自《论语》“唯女子与小人为难养也”。参加考试的两百多人中，南京傅善祥一反传统观念，引古来贤女内助之功，证明女性也可大有作为，并指出孔子歧视妇女的观点是完全错误的。这一反对男尊女卑的立论，敢于斥责千古圣人的勇气，颇得洪秀全的赞赏，他亲自选定她为状元。不久，东王杨秀清下诏，任命傅善祥为女侍史，负责诏命的起草以及文献的整理工作。因为精明能干，傅善祥后来又升任簿书，帮助东王批阅来往的文件、书札。当时曾有“武有洪宣娇，文有傅善祥”之说。

1856年8月，天京事变爆发。在洪秀全的密令下，韦昌辉在燕王秦日纲的配合下，把东王府杀了个鸡犬不留，二万多太平军将士身首异处。傅善祥在乱军中也被杀死，尸体被抛入江中。但也有另外的说法，美貌、多情的傅善祥有幸逃脱了这场劫难，但没有忘记东王的关爱，于是组织东王府的残余人马与翼王石达开联合攻打北王府，为杨秀清复仇。

对于傅善祥的“女状元”身份，学术界多持否定态度。太平天国文献《钦定上阶条例》及张德坚《贼情汇纂》等都记载了太平天国的科举制度，还详细记录历次会试的三甲名录及试题，其中没有设女科之事，也没有傅善祥之名。

那么，真实历史中到底有没有傅善祥这个人呢？南京大学教授、历史学家王庆成1984年在英国国家图书馆发现了《天父圣旨》。经过研究，他发现太平天国的确有傅善祥这个人。根据《天父圣旨》记载，甲寅四年（1854年）正月二十七日杨秀清伪托“天父下凡”，决定制止焚书、肯定古书（太平天国一度不许读孔孟之书），他身边的傅善样当即书写“千古英雄不得除，流传全仗笥中书”，然后“天父”命她解释其意。傅善祥于是作了长篇的解释，“天父”非常满意，说道：“然，尔所解是也。”这是来自《天父圣旨》的记载，应该是真实可信的。能肯定的是，傅善祥的文化功底不错，在农民军中算是很突出的，所以起初能得到东王杨秀清的信任。

曾在太平天国粮馆任事的谢介鹤在其《金陵癸甲纪事略》中说：傅善祥，二十余岁，任东府女簿书，恃才倨傲，曾讥讽天国文书文辞不通。东王杨秀清不悦，借她违禁吸烟而将其囚禁。傅善祥写文呈东王，大意说：我批阅文件，夜倦吸了黄烟，如能释放，再图报效。东

太平天国遗迹——石舫

王阅后即令释放了傅善祥。此后傅善祥“不知所终，或曰逃去”。从这些记载看，傅善祥后来渐渐失宠了。关于她后来的行踪，没有任何记载。一些野史牵强附会，写傅善祥与洪宣娇争风吃醋，被发动政变的韦昌辉军队杀死。

洪宣娇

晚清咀雪庐主人在他的《祖国妇女界伟人传》中专门写有《洪宣娇小传》。他写道：“洪宣娇者，军中称萧王娘，天王妹，西王萧朝贵妻也。年不满三十，艳绝一世，骁勇异常，从女兵数百名，善战，所向有功。萧王娘及女兵皆广西产，深奉秀全教，每战先拜天帝。淡妆出阵，挥双刀，锋凛凛落皓雪。乘绛马，鞍腰笼白氍毹，长身白皙，衣裙间青皓色。临风扬素腕，指挥女军，衫佩声杂沓，望之以为天人。女兵皆锦旗银盾。”

这一段记述绘声绘色，将洪宣娇写成了一个不仅漂亮而且英勇善战的传奇女子。后来的一些野史，也以此为基础附会开去。

洪宣娇这个女人是存在的。1853年，洪秀全的弟弟洪仁玕在香港给瑞典传教士韩山文口述不少太平天国军掌故，其中提到“男学冯云山，女学杨云娇”，并说明杨云娇（洪宣娇）就是萧朝贵的妻子，这一点为历史学家所认同。

洪宣娇，生卒年不详，广西桂平人。洪宣娇其实不姓洪，也不是洪秀全的亲妹妹。有人考证，她本姓王，或姓黄，后来又改姓杨，所以才有“女学杨云娇”的说法。在洪秀全1847年到达紫荆山时，洪宣娇曾声称梦见上帝对她说“十年后有人来此教人拜上帝，汝当遵从”。而洪秀全恰恰也自称在那一年做了一个梦，开始以上帝次子和使者身份“拯救世人”，两个人因为梦话一拍即合。于是，洪秀全认她做了妹妹，她也就改姓洪。咸丰元年，即公元1851年，上帝会的教徒已发展到数万人，洪秀全认为时机已经成熟，便在金田村竖立起太平军的旗号，建立太平天国，洪秀全自称天王，封杨秀清为东王、萧朝贵为西王、冯云山为南王、韦昌辉为北王、石达开为翼王。洪宣娇由兄长洪秀全做主，嫁给了萧朝贵。但不久西王萧朝贵便死于围攻长沙城的战斗中，洪宣娇转眼之间成了寡妇。

咸丰三年（1854年），太平军攻占了南京城，遂将南京定为太平天国的都城，改名天京。洪秀全下令将全部随营女眷集中起来建立“女营”，由东王杨秀清兼任总管，洪宣娇则任监察。

随后，太平天国的军政大权实际掌握在东王杨秀清手中，其他太平天国将领都对他心存不满。洪宣娇鼓动洪秀全密召北王韦昌辉回京共图大事。北王匆匆赶回天京，这期间洪宣娇一改常态，主动走进东王府，对杨秀清表现热络，杨秀清喜出望外，竟听从洪宣娇提议，由自己出面为北王接风洗尘。随后，举世震惊的“天京事变”发生了。

有人认为，洪宣娇就在天京之乱中被乱军杀死。

一百多年来，野史传说给洪宣娇找了不少情人：杨秀清、石达开、林凤祥等。野史中有认为洪宣娇“生性淫荡”“善妒”，在萧朝贵死后，她与东王杨秀清私通。进入天京后，杨秀清日益跋扈，对洪宣娇也越来越淡薄，迷恋上新科女状元傅善祥。洪宣娇气愤不过就委身于北王韦昌辉，鼓动天王和北王发动政变杀了杨秀清和傅善祥。野史中绘声绘色地说杨秀清与傅善祥一起同房时被杀。事后洪宣娇进入东王府见到傅善祥血肉模糊的尸体还恨恨地说“妖婢亦有今日”。凌善清的《太平天国野史》、谢介鹤的《金陵癸甲纪事略》、汪堃《盾鼻随闻录》、沈懋良《江南春梦庵笔记》等都有关于洪宣娇传闻的记录，情节大体相同，但都没有史料可以佐证。

关于洪宣娇的下落，有多种说法。有的野史说，洪宣娇在清军攻陷天京时战死了。有说她和国舅赖汉英在天国灭亡后逃到香港安度晚年。还有的说，天京城被攻破之日，洪宣娇乔装成民妇，随着逃难的人群到了上海，而后又辗转随同传教士远渡美国，在旧金山一带开业行医。

苏三娘

传说中，苏三娘是太平天国军中一位了不起的女将领。

关于她的生卒年，没有可信的历史记载。有说是她于道光初年出身于农家，身材高大，练就了一身好武艺，还开了一家小酒馆。十几岁便嫁给广西灵山县的商人苏三，苏三娘随夫姓，丈夫名叫苏三（又称苏三相），所以她被人称为苏三娘。苏三娘的真名已经无法考证，一说原本姓冯，叫冯玉娘。史籍上关于她的籍贯记载也是含糊不清，一说是广东高州人，一说是广东灵山县（今广西灵山县）石塘镇苏村人。苏三经营运输业，是天地会的成员。婚后不久，苏三被同行杀害。他手下一群年轻的搬运工人和强悍的船夫劝说苏三娘出面，带领他们为苏三报仇。于是，苏三娘带着他们到天地会请求帮助，天地会拨了500会众交由她指挥，不几天便杀了仇家。于是苏三娘成了官府通缉的“女匪”。苏三娘从此领导一支队伍，打起劫富济贫的旗帜，锄强扶弱，驰骋于横县、钦州、灵山一带。

道光二十九年（1849年）冬，苏三娘加入洪秀全，后参加金田起义，转战沙场，当上了女军军帅。她在攻打桂林、长沙、武汉、南京等战役中，英勇善战，所向披靡。清朝状元龙启瑞曾赋诗《苏三娘行》，夸赞她“两臂曾经百余战，一枪不落千人后”。打到南京城后，“城头鼓角声琅琅，牙卒林立旌旗张，东家西家走且僵，路人争看苏三娘”。

进入南京城后，苏三娘曾任女营副总管，协助洪宣娇管理女营。咸丰三年（1853年），苏三娘奉命与罗大纲各率男女军攻打镇江，战斗中她冲锋陷阵，飞身登城，其英雄事迹不胫而走。夺取镇江后，苏三娘又奉命镇守镇江，指挥女军多次粉碎了官兵的反扑。后来，关于苏三娘的记载很少。《天国志·列女传》对她最后的记载是：“乙荣五年（太平天国历，即1855年）嫁与罗大纲，自后无闻。”但也有另外两种说法：一是苏三娘坚守镇江两年多，直至天京陷落，在镇江保卫战中战死；二是苏三娘在太平军定都南京后随即展开的北伐中，因孤军深入全军覆没，战死沙场。

天平天国史专家罗尔纲考证后认为洪宣娇就是苏三娘，理由是“苏”在广东话中与“萧”谐音，于是“苏三娘”就成了“萧三娘”。之后在流传的过程中有人又在“三”上加了一竖，于是“苏三娘”就成了“萧王娘”了。这也是一家之言。

传说中，广西灵山县石塘镇苏村就是苏三娘的故乡，这里至今还保留了不少明清建筑。这个古村落在对外介绍历史时肯定地说，这里就是苏三娘的故乡。

太平天国军队中到底有没有女兵，这个问题今天似乎没有什么争议。太平军揭竿而起之日，就有女兵参加。广西桂平新墟人钟岱云在诗中写道："促进旌旗看妇女，频呼羯鼓看儿童。"在同时代的各类文献资料以及后代演义、小说中，都有女兵上阵搏杀的描写。不仅如此，太平军还实行一项非常奇怪的制度，即"男有男行，女有女行，不得混杂"，男女分馆居住。女馆又称"姐妹营""姐妹馆""女营"。太平军占领南京（改称天京）后，女营共四十军，编织入内的女兵大约有十万人。这些女兵都集中在女馆居住。据《金陵杂记》记载："女馆住处甚多，城北由莲花桥洪武街一带，以至花牌楼门楼桥等处，城南在南门大街以至内桥，城东在石桥新廊、武定桥、石坝街、军师巷、东牌楼、状元境、奇望街、承恩寺、王府园口，城西三山街坊口以至陡门桥、糯米巷、安品街东并前后街一带，直至朝天宫后，易家桥左右街巷，又自珠宝廊至虹桥、卢妃巷、土街口一带，共约有妇女十余万口。"女馆中的妇女多从事肩米、背盐、负煤、斫柴、荷砖、抬瓦、筑营、运土、挑水、开沟、割麦、割稻、搓麻绳等劳作。既然有女营，出现像洪宣娇、苏三娘这样的女将领，也就不足为奇。

太平天国在南京只存在了十年。炮火连天的乱世，对于傅善祥来说，则是一次难得的机会，她抓住了，本以为可以就此改变命运，但不曾想到又掉进了命运的沼泽。对于洪宣娇、苏三娘来说，她们肯定是第一次来到南京，不难想象当年她们在南京大街上策马驰骋，享受了征服者的荣耀。但是，她们一定没有想到这种荣耀是短暂的。随着太平天国的覆灭，她们的命运也就可想而知。

尹家姐妹：辛亥女杰

尹锐志

尹维峻

1912年，孙中山在南京就任临时大总统时，有一对姐妹被任命为“总统府顾问”，并担任总统的保镖。要知道，晚清的中国，女人是养在深闺不出门的，更遑论学武术了。而这对姐妹精通武术，当起了大总统的保镖，这自然引起众人的疑问：这姐妹俩究竟来自何方？

姐姐叫尹锐志（1890—1948年），妹妹叫尹维峻（1896—1919年），浙江省嵊县雅璜人。尹氏姐妹出生在一户士绅家庭，父亲靠为人写讼词维持生计，母亲早逝，姐妹俩由外婆抚养长大。1905年，尹锐志到秋瑾任教的绍兴明道女学堂学习，不久她把妹妹尹维峻也接到了绍兴。姐妹俩加入了光复会，此时姐姐才15岁，而妹妹还不到10岁，她们俩算是光复会里最年轻的会员。尹氏姐妹俩追随秋瑾闹革命。秋瑾的一言一行深深地影响了她们。秋瑾在上海成立锐峻学社，取她们姐妹名字中的一个字组成学社名称。锐峻学社后来成为光复会在上海的联络点。尹锐志协助秋瑾负责《中国女报》的发行工作，尹维峻作为报童，一面卖报一面收集情报。尹氏姐妹甚至一度掌管上海光复会日常机关的事务工作。姐妹俩为着革命起义四处筹措资金。

孙中山像

1907年，秋瑾就义之后，尹氏姐妹发誓一定要为老师报仇雪耻。她们通过自学，成了炸弹制作专家。1909年，姐妹俩竟然携带炸弹潜入北京，试图暗杀清朝权贵，因为一直没有找到动手的机会，潜伏了将近一年，无功而返。

尹氏姐妹从幕后走向革命前台的第一次表现是参加上海起义。尹锐志动用了多方力量吸收吴淞海军朱庭燎、巡警黄汉湘等参加光复会。姐妹俩还参与组建了光复军，由李燮和担任光复军总司令，积极筹划起义。在光复上海的战斗中，尹氏姐妹冲锋在前，在进攻闸北警察局和江南制造局的战斗中表现勇猛。

在1911年光复杭州的战役中，尹维峻才15岁。11月5日凌晨2时，光复军秘密挺进杭州各个攻击预定位置。攻克浙江巡抚衙门的重担落在了光复军敢死队身上。尹维峻隐蔽在街角，随着进攻开始，她骑着骏马，左手挥舞着手枪，右手向衙门掷出了第一颗炸弹。巡抚衙门被炸塌了一角，敢死队山呼海啸般地涌向缺口，一举攻占巡抚衙门，生擒了浙江巡抚增韫。而此时的敢死队队长是24岁的蒋介石。

在接下来的南京战役中，姐妹俩再一次冲锋在前。为攻克南京作战斗准备，尹锐志在上海赶制炸弹，一位会员不慎引爆炸弹，导致尹锐志后脑受伤，她被迫离开了队伍。妹妹尹维峻组织了一支女子北伐敢死队，号称“女子荡宁队”，发展了70多名队员，尹维峻亲自担任队长。她带领的女子敢死队经过鏖战占领了雨花台，撕开了清军的防御阵地。

关于尹氏姐妹俩，当时社会上流传着很多神乎其神的传说。上海光复后，孙中山在哈同花园观看演出，由尹氏姐妹负责警卫。当锣鼓声响起时，一个小生翻着跟斗跳上舞台，台下观众的喝彩声如潮水一般。尹锐志突然感觉小生的眼神不对，说时迟，那时快，尹锐志一个箭步挡在孙中山面前，抬手一枪将舞台上吊灯击碎，尹维峻纵身跃上舞台，生擒住了刺客。

1912年1月14日，临时大总统孙中山任命姐妹二人为“总统府顾问”，并担任保镖。孙中山在南京夫子庙演讲时，三个清廷刺客准备行刺，被尹氏姐妹当场识破，武功不凡的姐妹俩赤手空拳抓住了刺客。临时政府陆军总长黄兴得知此事后，盛誉尹氏姐妹为“革命女侠，民国功臣”。

辛亥革命后，尹锐志与光复会成员周亚卫结婚，周亚卫被送到日本陆军大学学习。尹锐志跟随丈夫留学日本。抗战期间，尹锐志在重庆先后担任妇女工作队副队长、抗日军工烈属工厂厂长，积极从事抗日救亡活动。1948年，她被国民党特务暗杀。尹维峻一直追随着孙中山先生出生入死，1917年7月与裘绍随孙中山赴粤护法，1919年7月16日，尹维峻被北洋军阀暗杀于广东汕头，年仅24岁，实在让人扼腕痛惜！她的丈夫裘绍翌年也被北洋军阀暗杀。

孙中山赞誉尹氏姐妹为“浙江女英雄”，时人则将这对姐妹与秋瑾并称为“中国近代史中女界之三杰”。

小凤仙：将军的知音

小凤仙

她叫小凤仙，是晚清民国的名妓。

她与那个时代的两个名人有过交集：一位是小说《孽海花》的作者、清末著名文学家曾朴，一位是二次革命时期的将军蔡锷。

她与曾朴的关系很少为人所说，但与蔡锷将军的关系则众所周知。上个世纪80年代，一部名叫《知音》的电影很有名，电影演绎的就是蔡锷将军与小凤仙的爱情故事。事情大体是存在的，但有很多艺术虚构的成分。

小凤仙还与南京有过几年的交集。

小凤仙原名朱筱凤，后改名为张凤云、张洗非，满族旗人，祖籍河南，大约1899年出生于浙江杭州。她的父亲姓朱，是一个没落的满族八旗武官，后被解职，光绪年间全家流寓湖南湘潭，后到杭州生活。父亲死后，因母亲是偏房，朱筱凤备受大母虐待，不得已和生母离开朱家单过。不久母亲病逝，一位姓张的奶妈收留抚养了她，所以朱筱凤就改姓张，名凤云。她们就住在曾朴在杭州寓所的斜对门，过着朝不保夕的贫穷生活。

曾朴，字孟朴，江苏常熟市西山塘泾岸人。清同治十一年（1872年）出生在一个书香门第。18岁考中秀才，后又考中举人。1905年，时年33岁的曾朴完成章回小说《孽海花》的创作。小说甫一问世，就在文坛引起强烈的反响。1910年，以候补知府分发浙江的曾朴当上了

曾朴

杭州官地局总办，这个职务相当于今天的国土局长。随同曾朴赴杭的新纳姨太太张彩鸾有孕在身，需要照顾。于是曾朴以80两银子将小凤云从张氏手中买下了，给她取名“小凤”。刚入曾家的小凤才14岁，是一个蓬头垢面的烧火丫头。曾家对她很好。一年后，小凤出落得美丽、端庄。曾朴夫妇与之相处融洽、友善，这让小凤心存感激。曾朴与这个姑娘渐渐萌生出私情。而这一切被曾朴的姨太太张彩鸾看在眼里，一天，这位姨太太暗中将小凤和她的养母打发走了。曾朴对此也无可奈何。

让曾朴未曾想到的是，小凤离开杭州后不久就落入风尘。这位养母发现小凤是一棵摇钱树，就把她带到了风月场中，出卖色相。养母还给她起了一个名字叫“小凤仙”。1913年，时任江苏省官产处处长的曾朴，一天晚上去南京夫子庙一酒家参加宴请，席上意外遇见昔日的小凤。他当然不知道，穿梭于夫子庙声色场所的小凤仙，已是秦淮河畔一个很红的风尘女子了。曾朴问明小凤沦落风尘的原因后十分痛心。第二天，他就找到小凤的住处，把她的养母痛责了一番。小凤仙的养母很是惧怕，就急忙带着小凤离开南京，到了北京。小凤仙在北京重操旧业，并成为京城八大胡同红极一时的名妓。

不久，小凤仙在北京遇到了她生命中另一个极为重要的男人——蔡锷。蔡锷是中华民国初年杰出军事领袖。辛亥革命时期，他在云南领导了推翻清朝统治的新军起义。由于蔡锷的思想激进，企图复辟帝制的袁世凯把蔡锷看成了眼中钉。1913年的秋天，袁世凯将担任云南都督的蔡锷召到北京，担任经界局督办，职位相当于今天的经贸部部长。实际上，他被削去了军权，等于是被监视起来。蔡锷无奈，只好沉湎于酒色中，聊以自慰。而其时的小凤仙是陕西巷“云吉班”的头牌，蔡锷与之一见倾心。他打算为小凤仙赎身从良。他找到了“云吉班”班主，并达成赎身协议。不料小凤仙不肯答应。班主问其原因，小凤仙只好实情相告。原来，她心里放不下她的恩人曾朴。于是，蔡锷通过朋友找到了曾朴，请曾朴当说客。曾朴出面终于说服了小凤仙。蔡锷与小凤仙终于结成秦晋之好。

蔡锷

1915年10月，在小凤仙的谋划、掩护下，蔡锷趁一次参加宴会之机逃出了北京。他取道天津，再转经东京、河内返回昆明，举起讨袁护国的大旗，迫使称帝的袁世凯取消帝制。

1916年，年仅34岁的蔡锷因为患喉癌在日本去世。噩耗传到北京，小凤仙悲痛欲绝。她委托朋友写了一副挽联表达哀思：“万里南天鹏翼，直上扶摇，那堪忧患余生，萍水姻缘成一梦；廿年北地胭脂，自悲沦落，赢得英雄知己，桃花颜色亦千秋。”

蔡锷死后，小凤仙离开了公众视线。她嫁给了当时东北军一个姓梁的旅长，二人一起生活了多年。1949年，小凤仙嫁给了大她5岁的锅炉工李振海。李振海去世后，她和李振海原来的女儿一起生活。

1954年，小凤仙离世，享年55岁。

李菊耦："小姐楼"的女主人

李菊耦

在南京白下路273号江苏海事职业技术学院的东北角，有一幢方方正正的民国建筑特别显眼。这幢以青砖为主体、以红砖镶嵌的两层小楼，四周都有回廊，屋檐下都有雕花装饰，楼前的石碑上刻着"张佩纶宅"的字样，并且注明这幢民国建筑属于"江苏省文物保护单位"。这幢楼在南京还有一个民间称呼——"小姐楼"。

小姐楼的小姐是谁？主人是大名鼎鼎的晚清重臣李鸿章的千金，也是著名作家张爱玲的祖母，她叫李经璹，小字菊耦，有时也写成菊耦。

李菊耦（1866—1912年）是李鸿章与赵小莲所生，为他们的第二个女儿。受到家庭影响，李菊耦自小读书识字，有文化，能写诗。22岁那年，由父亲做主，将她嫁给了年已四十的张佩纶。

张佩纶字幼樵，号蒉斋，1848年出生，祖籍直隶（河北）丰润，生于杭州，长于苏州，自小聪慧，才思敏捷，下笔千言。同治十年进士。早年好议论天下事，与张之洞、陈宝琛等皆为朝廷的"清流派"。1882年任都察院左副都御史。针对法国侵略越南和觊觎中国边疆事，他上奏章十数篇，主张抗法。中法战争初起，他主张迎战。他受朝廷委派，到了福建处置海疆事宜，兼船政大臣。1884年7月15日，法军侵入马尾港，福建水师覆灭，马尾船厂被毁。张佩纶与同为福建船政大臣的何如璋被免职，并被遣送戍边。1888年获释，被李鸿章招至幕下。

张佩纶此前已经有过两次婚姻。第一次是26岁那年，他迎娶大理寺卿朱修伯的女儿朱芷芗，结婚五年后，妻子生病去世。第二次婚姻娶的是陕西巡抚边宝泉的女儿边粹玉，结婚三年，妻子又生病不治。妻子早亡，加上马尾一战失败，被摘掉乌纱帽，张佩纶跌入人生的最低谷。此时，身任朝廷重臣的李鸿章给了他极大的帮助。李鸿章与张佩纶的父亲张印塘（曾担任安徽按察使）是至交，他一直十分欣赏张佩纶的才华。张佩纶流放期间，断了稳定的收入来源，李鸿章每年私下补贴他千两银子做生活费。1888年，李鸿章将自己的小女儿嫁给张佩纶。这对张佩纶来说，真是喜从天降。成了李家快婿后，张佩纶的衣食可以说是无虞了。他在《涧于日记》中，凡提及李鸿章，均称“合肥师”，表达崇仰之情。1894年，甲午战争爆发，张佩纶遭人弹劾“干预公事”，被朝廷下令发回原籍。他只好离开天津，移居南京。

在南京，张佩纶在李鸿章住宅附近买下了一个庄园。这个庄园始建于清初，初称张侯府，原系清初康熙年间云南提督张勇的府第。张佩纶将张侯府的北楼作为夫人的闺房，并起室名“鸥园”，人称“小姐楼”或“小姐绣楼”。当时，李鸿章在南京的住宅就在马府街南侧的五福巷，人称“相府”，与“小姐楼”仅一墙之隔。

小姐楼

李菊藕与张佩纶结婚

左为李菊藕母亲赵小莲，右为李菊藕

后感情甚为融洽，两人过着平静的生活。张佩纶在《涧于日记》中对这段生活记载颇细，他写道："以家酿与鞠藕小酌，月影清圆，花香摇曳，酒亦微醺矣。"张佩纶用菊耦的陪嫁，购下昔日"结一庐"的很多珍籍，两人读书写诗，自是清闲。李鸿章特地为他们的书斋题名为"兰骈馆"。张李结合，当时一些社会名流很不理解，不少人大加嘲讽。比如叶昌炽在光绪十四年八月二十八日的日记中写道："云丰润已为合肥之坦腹，咄咄怪事。""合肥"是指李鸿章。叶昌炽的意思是，张佩纶竟然成了李鸿章的快婿，他觉得很奇怪。李慈铭在十月初七日的日记中写道："闻合肥以女妻张幼樵，合肥止一女，继室赵夫人所生，敏丽能诗，甚爱之，今甫逾二十，幼樵年四十馀，美须髯，已三娶矣。"还有一位叫梁鼎芬的写诗曰："篑斋学书未学战，战败逍遥走洞房。"篑斋，是张佩纶的号。意思是说，这位战场失意者，竟然在情场得意。对于这些议论，李鸿章不以为然，张佩纶也是置若罔闻，他说："局外人造言腾谤，风影万端，殊无谓也。"

李菊藕与张佩纶婚后某日，张佩纶闲读宋人笔记《清波杂志》，其中提到宋初学者胡瑗名言："嫁女须胜吾家者，娶妇须不若吾家者。"张佩纶问夫人："你认为这个道理对吗？"菊藕说："此矫世之言也。非圣贤之言也。若此，则贵家之女将无可嫁之士，而贫士不可以乞丐之女为妻矣。岂理也哉？夫嫁女须胜吾家，娶妇须不若吾家，第以防其骄而亡。其妇女平日若教以三从四德，何至入门而骄其尊章，傲其夫婿哉？不清其源治其本，而于姻戚之家斤斤计较其贫富贵贱，所见似高实陋耳！”张佩纶说：“这正是我平日之论，不知何以卿与吾暗合也。”

由于福建马尾战败的经历，张佩纶没有办法再在官场待下去了。开始时，红袖添香，倒也快乐，可是时间长了，大丈夫不曾泯灭报国之心，所以，张佩纶常常感到痛苦，有时只能酗酒解愁。这种情绪也影响到了李菊藕，她也常常闷闷不乐。父亲李鸿章写给女儿李菊藕的家书里，总是劝她要开心一点：“素性尚豁达，何竟郁郁不自得？忧能伤人，殊深惦念，闻眠食均不如平时，近更若何？”老父亲殷殷之言，令人感慨，但却收效平平，李菊藕后来变得孤僻、寡欢。

李鸿章1901年病逝，一年多后，张佩纶也于南京病逝。此时的李菊藕才37岁。他遗下一子一女，大的7岁，小的才2岁。男孩就是张爱玲的父亲张志沂，女孩就是张爱玲的姑姑张茂渊。此后的日子，李菊藕只能终日闭门教子。1912年，李菊藕因为染上肺病，病逝于上海，时年46岁。

张爱玲后来在《对照集》中，公布了张佩纶和李菊藕的照片，从照片看，张佩纶留着短须，身体已经发福。而李菊藕，相貌端庄，一派大家闺秀的模样。

张志沂后来娶的是清末首任长江水师提督黄翼升的孙女，广西盐法道黄宗炎的女儿黄素琼。黄素琼后来觉得名字不够浪漫，出洋留学时改名为黄逸梵。张志沂和黄素琼22岁结婚时，被认为门当户对，才貌般配，是一对“金童玉女”。可是，婚后两人的生活并不幸福。张志沂沾染了公子哥儿的气息，抽鸦片、嫖妓，这些旧社会陋习自然让思想开放的母亲无法容忍，在张爱玲3岁时，她就远走欧洲。张志沂后来又娶了继室。

张爱玲是在上海出生的，儿时常听父母提起南京。她在《对照记》里多次提到过南京的老宅：“我祖母的婚姻要算是美满的了，在南京盖了大花园偕隐，诗酒风流……”“我姑姑对于过去就只留恋那园子。她记得一听说桃花或者杏花开了，她母亲就扶着女佣的肩膀去看……”文字里透着对老宅院的向往和牵挂。

张爱玲的第一任丈夫胡兰成在《今生今世》中写道：“张家在南京的老宅，我专为去踏看过，一边是洋房……正宅则是旧式建筑……我告诉爱玲，爱玲却没有怀古之思，她给我看祖母的一只镯子……连同祖母为女儿时的照片，在爱玲这里就都解脱了兴亡沧桑。”

潘玉良：秦淮河畔留画魂

潘玉良的自画像（1940年）

民国时期，有六位新女性画家格外引人注目，她们是潘玉良、方君璧、关紫兰、蔡威廉、丘堤与孙多慈。

而在这六人中，潘玉良无疑是一个异数。其他五位都是出身名门望族、书香门第，唯独潘玉良出身贫寒，经历最为坎坷，从一个妓女成长为著名的画家。

潘玉良（1889—1977年），原名杨秀清，又名张玉良，江苏镇江人，生于扬州。8岁时成了孤儿，在舅舅家生活六年，13岁时被赌棍舅舅骗到芜湖，卖给了妓院怡春院当烧火丫头。在妓院四年中，因拒绝接客，逃跑十次，毁容上吊数回，幸亏遇到芜湖盐督潘赞化相救。潘赞化早年毕业于日本东京早稻田大学，是同盟会会员。潘赞化出于同情，替张玉良赎身，使之跳出了火炕。

1913年，张玉良17岁时，潘赞化收她做了偏房，证婚人是陈独秀。张玉良从此改姓潘。

婚后不久，潘玉良随丈夫来到上海，安置了新居，开始了崭新的生活。他们住进了渔阳里一幢石库门房子。渔阳里是上海一条普通的街道，路窄房低，居住的多为知识分子，《新青年》杂志就诞生在

潘赞化

这里。有一天，潘玉良无意经过邻居的窗口，看见一个人在聚精会神地作画。出于兴趣与好奇，她逗留在窗前，屏声静气地观看。潘玉良当然不知道正在作画的是一位响当当的画家。他叫洪野，当时是上海美术专科学校色彩学教授。洪野发现潘玉良后，一开始也并没有太留意。当潘玉良将自己临摹的习作送给他看时，他简直不相信自己的眼睛，这哪像一幅完全没有受过正规教育的人的习作？洪野教授决定收她为徒。洪野先生给潘赞化的信中欣喜地写道："……我高兴地向您宣布，我已正式收阁下的夫人作我的学生，免费教授美术……她在美术的感觉上已显示出惊人的敏锐和少有的接受能力。"潘玉良从此在做家务之余，随洪教授学习绘画。由于天资聪慧，勤奋好学，潘玉良在洪野的精心辅导下，进步飞快。她竟然以最高分的绘画成绩考进了上海美术专科学校。1921年考得官费赴法留学，进了里昂中法大学，与徐悲鸿同学。1923年又进入巴黎国立美术学院。1928年冬，潘玉良学成归国，受聘于上海美术专科学校，任西画系主任。

潘玉良与南京的交集是在1936年至1937年。

1936年，徐悲鸿出任中央大学艺术系主任。他慧眼识英雄，聘请了多位国内顶尖级画家担任教授，如张大千和从法国归来的潘玉良。

在中央大学，潘玉良与张大千结下了深厚的友谊。潘玉良比张大千大四岁，他们以“大千弟”“玉良大姊”相称，情同姐弟。潘玉良非常尊重张大千，经常向张大千讨教。张大千是个京剧迷，而潘玉良也喜欢京剧，不仅能唱余派老生，还会唱大花脸。每次聚会，潘玉良都会唱上一曲，张大千则击节称赞。

1936年，潘玉良在中央大学举办了一次画展。有一幅名叫《大力

20世纪30年代的潘玉良（前排左一）与友人

壮士》的作品画的是一个裸体中国大力士，用双手搬掉一个压在小草上的巨石。开幕当天，教育部长王雪艇打算以一千大洋买下，准备闭幕时取画。没有想到当天晚上遭到破坏。画被人用刀子划破，还贴上了一张纸条，上面写着一行字："妓女对嫖客的颂歌。"有的人还公然骂作者是"青楼女"。潘玉良的另一幅《大忠桥》也遭到毁坏。还有一些画作被窃走。别有用心的攻击让潘玉良伤透了心。张大千知道此事后，特意创作一幅《墨荷图》赠给潘玉良，赞美荷花"出淤泥而不染"的高贵品质。后来，潘玉良到了欧洲，还将这幅画带在身边，一直挂在自己的卧室内。再后来，潘玉良与张大千一起在台湾举办画展，并多次互赠画作或合作绘画。1961年，张大千在潘玉良的《芍药图》上题写这样一段话："予年廿时，尝赋种花诗云：第一莫栽红芍药，花开春已是将离。今来巴黎，又值春末，且有南美之行。玉良大姐出此命题，漫书其上，为之黯然。辛丑三月三十日，弟大千。"姐弟之情，由此可见一般。

潘玉良在龙蟠路的住处，距离夫子庙很近，她经常到夫子庙转转。有一天，她画了一幅油画《夫子庙》。画面是南京夫子庙的一

潘玉良的油画《夫子庙》

角，画中有一个卖气球的小贩和驱赶小贩的警察，背着孩子的母亲和一个男人占据画面正中高大的背影。作品虽然描绘的是繁华的街景，但整个画面呈灰色调，与繁华街景的热闹场面极不协调。有人解读这幅画时认为，画中那位高大身影，就是潘玉良心中的潘赞化，这是画家在表达对爱人的赞美。

潘玉良在中央大学任教时，一天，潘赞化的夫人从桐城来到学校大吵大闹，这位大学教授不得不向夫人叩头求饶。潘玉良感觉到难以再待下去，1937年秋冬，她便告别了潘赞化，再次远走法国，从此就再也没有回国。

1960年潘玉良得知自己深爱一生的丈夫潘赞化在安徽病逝，悲痛欲绝，忧郁成病。1977年，潘玉良病逝于巴黎。

潘玉良对艺术执着追求，十分刻苦勤奋，尽管一生清贫，但一直没有停下手中的笔。她留下了四千多件画作，现珍藏于安徽省博物馆。

潘玉良作品《窗前女郎》

孤儿—雏妓—小妾—艺术的追求者—中国最高学府的教授—世界艺坛的著名艺术家，潘玉良的一生充满传奇色彩。她的油画融合中西，在现实主义、印象主义及野兽派等众多西方绘画流派的基础上，融入了中国传统艺术的线描手法，将中国艺术的意境、韵律和诗情蕴藏其中，构图大胆而夸张，色彩绚烂而宁静，有较强的律动感。她的作品曾多次入选法国具有代表性的沙龙展览。她还在美国、英国、意大利、比利时、卢森堡等国举办过个人画展，曾荣获法国金像奖、比利时金质奖章和银盾奖、意大利罗马国际艺术金盾奖等20多个奖项。

孙多慈：慈悲之恋

孙多慈在中央大学读书时的毕业照

提起艺术大师徐悲鸿的经历，三个女人是绕不过去的，她们是：蒋碧微、孙多慈、廖静文。

蒋碧微是徐悲鸿第一任自由恋爱结合的妻子。

孙多慈是徐悲鸿的学生，后来发展到师生恋，导致徐蒋婚姻分崩离析。

廖静文是徐悲鸿最后一任妻子，她陪伴徐悲鸿走过他生命中最后8个年头。

徐悲鸿与蒋碧微、孙多慈之间的感情纠葛就是从南京开始的。

孙多慈1913年出生，原名孙韵君，安徽寿县人，祖父孙家鼐是清末重臣，历任工、礼、吏、户部尚书和中国首任学务大臣，曾一手创办京师大学堂（北京大学前身）。父亲孙传瑗（号养癯），曾任大学教授、教务长，还曾是孙传芳的秘书、国民党安徽省常委，母亲汤氏是女校校长。孙多慈姐弟三人，她是老大，从小受过良好的家庭教育，17岁时毕业于安徽省立第一中学。

1930年9月，时年18岁的孙韵君报考中央大学文学院，没有考取。在宗白华的介绍下，成了艺术专修科的旁听生。

此时美术系主任为著名画家徐悲鸿。他是1928年举家由上海迁来南京的，先是住在石婆婆巷，后来又搬到丹凤街52号中央大学宿舍。

蒋碧微

当时徐悲鸿和夫人蒋碧微的宿舍在一幢老式的两层楼房里，里面还住着中央大学的另外三位教授，条件相当艰苦。不过，此时的中央大学集聚了吕凤子、汪采白、张书旗、潘玉良、陈之佛、吕斯百、傅抱石等一批艺术家，艺术氛围十分浓厚。

和徐悲鸿一道来南京的，还有他的妻子蒋碧微和两个孩子。

徐悲鸿和蒋碧微的结合颇具传奇色彩。

蒋碧微生于宜兴的望族，是蒋家的次女，本名棠珍，1916年其父蒋梅笙在上海复旦大学当教授，蒋碧微随父在上海读书。当时徐悲鸿从家乡宜兴到上海发展，经人介绍去拜访这位前辈乡贤，徐悲鸿的才貌不但深得这位前辈的赏识，也赢得了蒋碧微的芳心。可惜的是，蒋碧微在13岁时就由其堂姐做主，许配给了苏州的查紫含。但生长在大家庭的蒋碧微却有勇气与出身寒微而且是丧妻的徐悲鸿悄悄恋爱起来。后来徐悲鸿得到一笔资助，去日本留学，这位蒋家小姐跟着他偷偷到了日本。在去日本的海上，徐悲鸿将刻有“碧微”二字的水晶戒戴到她的手指上，“蒋棠珍”由此成了“蒋碧微”，这时她才18岁。女儿和他人私奔，对名门望族的蒋家来说是件很不体面的事，况且也不好向已经定亲的查家交代。蒋家无奈之下，只得宣称蒋棠珍已因疾病身亡，并在宜兴家中设了灵堂。出殡时，为免起疑心，棺材里放进了石头。从日本到欧洲，蒋碧微和徐悲鸿度过了一段同甘共苦的日子，徐悲鸿作于法国的油画《吹箫》中吹箫女子的原型就是蒋碧微。应该说，他们之间的感情开始时还是不错的。

谁能想到，一位名叫孙韵君的女生的出现，让徐家平静的生活掀起了波澜。

作为艺术系主任，徐悲鸿经常亲自授课，不知从何时开始，他注意到了前来听课的孙韵君。他发现这个女孩冰雪聪明，具有绘画天赋。此时的孙韵君究竟长得什么样？同是安庆老乡的作家苏雪林这样描写过她：“一个青年女学生，二十左右的年纪。白皙细嫩的脸庞，漆黑的双瞳，童式的短发，穿一身工装衣裤，秀美温文，笑时尤甜蜜可爱。”“与之相对，如沐春阳，如饮醇醪，无人不觉她可爱。”这个女学生深深吸引了徐悲鸿。他给这个自己很喜欢的女学生起了一个名字：孙多慈。从此，她便用孙多慈取代了孙韵君。徐悲鸿经常带孙多

徐悲鸿画的孙多慈像

徐悲鸿

慈到自己画室，指导她画画，并为她画像。不知不觉，师生恋拉开了序幕。作为妻子的蒋碧微渐渐有所风闻，并为此大吵大闹过。

1931年7月，孙多慈考取了中央大学美术系。当时蒋碧微知道后，向徐悲鸿摊牌：不要录取孙多慈，或者让徐悲鸿辞职。徐悲鸿一气之下真的离家出走了，不过在朋友的劝说下，很快还是回到了南京。

后来，国民党元老吴稚晖出资3000块大洋为徐悲鸿在鼓楼北坡买了一块地建起别墅。1932年12月别墅建成，徐悲鸿蒋碧微一家子从拥挤的中大宿舍搬进了新居。这便是傅厚岗4号徐悲鸿公馆。这是一座精巧别致的西式两层小楼，客厅、餐厅、卧室、浴室、卫生间齐全。公馆落成时，孙多慈以学生身份送来枫苗百棵。蒋碧微得知此事后大发雷霆，让佣人把枫苗全部折断当作柴火烧掉。徐悲鸿知道此事后，十分痛心，遂将公馆称为“无枫堂”，称画室为“无枫堂画室”，并刻下“无枫堂”印章作为纪念，钤盖于那一时期的画作上。

“九一八”事变后，国难当头，徐悲鸿将新公馆名为“危巢”，取居安思危之意。“危巢”之“危”不仅指国难当头，民不聊生，这也预示着徐悲鸿和蒋碧微的情感婚姻到了岌岌可危的地步？

在以后的4年时间里，徐悲鸿与孙多慈师生之间的情感日见笃厚。徐悲鸿和蒋碧微一直在争吵中度过。三角恋爱一时弄得满城风雨。

《台城月夜》是画家徐悲鸿的一幅巨幅油画，创作于1930年冬季。这幅油画真人般大小，画面上有一男一女，男人席地而坐，少女侧立其左。天际皓皓明月，远处隐隐台城。画上的少女，脖颈间一方纱巾，随风诗意般飘动。据说，画中的男女就是师生俩。《台城夜月》原本放在国立中央大学徐悲鸿画室里。蒋碧微发现后，气冲冲将它带回了家，将画销毁了。夫妇之间长达十余年的冷战，也由此展开。

1934年，孙多慈在中央大学美术系以第一名的成绩毕业。原先徐悲鸿已与有关方面疏通好，利用比利时政府庚子赔款的一部分作为资金，让孙多慈去法国深造，不料此事被蒋碧微知道了，她施展各种手段使得计划搁浅。出于无奈，孙多慈只好回到安徽，在省立安庆中学任教。

抗战爆发后，孙多慈一家辗转流徙到了长沙，徐悲鸿抽身出来到长沙与孙多慈见面，并将她全家接到桂林，而且为孙多慈在广西省政府谋到一职。这段时间他们常常一起去漓江写生，两人创作了不少作品。几个月后，徐悲鸿在《广西日报》上刊出了与蒋碧微脱离同居关系的启事，他们的朋友沈宜申拿着这张报纸去见孙多慈的父亲，想极力促成徐、孙的婚事。谁知孙老先生坚决反对，立即收拾行李，带着全家离开了桂林，转往浙江丽水。一向软弱又内向的孙多慈在此关键时刻屈服于父亲，在丽水的一所中学任教。后来，徐悲鸿应邀去印度讲学，一去四五年不归，直到1942年春才回国，而这时的孙多慈已迫于父命，嫁给当时浙江省教育厅厅长许绍棣。此时的许绍棣刚刚丧偶，有三个女儿。

孙多慈与许绍棣

徐悲鸿和蒋碧微生有一子一女，离婚后随蒋碧微生活。蒋碧微与张道藩相恋，儿子伯阳和女儿丽丽先后离家出走。后来，徐悲鸿多次试着要与蒋碧微和好，但此时蒋碧微的感情已经转移，她与张道藩爱得如火如荼。徐蒋二人终于在重庆协议离婚，作证律师是大名鼎鼎的沈钧儒。蒋碧微从徐悲鸿处得到了一百万的赡养费和一百幅画。不久，徐悲鸿和廖静文结婚。

1949年，孙多慈随丈夫前往台湾，任台湾师范大学艺术系主任。

1953年9月，徐悲鸿在北京病逝，噩耗传到台湾时，蒋碧微正好去中山堂看画展。在展厅门口当她刚签好名字一抬头，正好孙多慈站在了她面前，这对几十年前的情敌，一时双方都愣住了。后来还是蒋碧微先开了口，略事寒暄后就把徐悲鸿逝世的消息告诉了孙多慈。孙多慈闻之脸色大变，眼泪夺眶而出。

另一说法，1953年9月，孙多慈到纽约参加一个艺术研讨会，会上见到很多华人画家。就在众人欢聚时，传来了徐悲鸿逝世的消息。孙多慈当场昏厥过去。

之后，孙多慈为徐悲鸿戴孝3年。

20世纪70年代初，孙多慈患了乳腺癌，曾三次飞往美国手术，于1975年3月病逝，享年63岁。她与丈夫许绍棣育有两子。

蒋碧微后来和张道藩一直没有结婚。1968年6月，张道藩逝世，

徐悲鸿与廖静文

终年71岁。10年后，1978年12月，蒋碧微去世，终年79岁。蒋碧微对徐悲鸿指责甚多，对张道藩却无一微词。蒋碧微晚年在写《蒋碧微回忆录》时说："我以'真实'为出发点，怀着虔诚之心，一个字一个字的写下我半生的际遇，我一心坦荡，只有衷诚感恩之念，毫无睚眦必报之心，我在我的回忆录中抒写我所敬、我所爱、我所感、我所念的一切人与事，我深信我不会损害到任何一位与我相关的人。"睚眦必报，蒋碧微倒是没有，"感恩"却也谈不上。蒋碧微在回忆她与徐悲鸿一起走过的岁月时说："如此我从18岁跟他浪迹天涯海角，20多年的时间里，不但不曾得到他一点照顾，反而受到无穷的痛苦和厄难……"（《蒋碧微回忆录》）蒋碧微这样的说法，是由恨生出的感慨。其实，当年，他们俩因为爱情而结合，是事实，而后来徐悲鸿移情别恋，也是事实。想当初，徐悲鸿对蒋碧微是有感情的，两人私奔东洋，吃了不少苦头。徐悲鸿以蒋碧微为模特创作了《箫声》《琴课》《凭桌》《裸裎》《慵》《静读》《传真》等多幅作品，曾经的情凝聚在这些画中了。可惜随着岁月的流转，当初的爱情渐渐化作了云烟，消失得无影无踪，不能不让人唏嘘叹息。

吴健雄："东方居里夫人"

吴健雄国立中央大学毕业照

她是世界著名的物理学家，被誉为"东方居里夫人""世界物理女王""原子弹之母""原子核物理的女王""物理科学的第一夫人""最伟大的实验物理学家"。

她没有获得诺贝尔奖，不少人为她鸣不平。

她叫吴健雄。

她和南京有过4年的交集，而且这4年为她日后的发展起到了至关重要的作用。

吴健雄1912年生于江苏省苏州太仓浏河镇的一个书香门第，父亲吴仲裔提倡男女平等，创办明德女子职业补习学校。吴健雄属"健"字辈，族人依次以"英雄豪杰"取名。乳名"薇薇"的吴健雄虽是女孩，但因排行第二，得了"健雄"这个颇为阳刚的名字。父亲吴仲裔希望她不让须眉，积健为雄。得益于父亲的开明思想，吴健雄自小就能与其他兄弟一样读书识字。1923年，吴健雄小学毕业后考入苏州第二女子师范学校，1927年以优秀的成绩毕业，当了一名小学教师。那时候，对于一个女孩子来说，做一名教师已经是一个很好的归宿了，但是在父亲的鼓励下，她决定继续到大学深造。日后吴健雄回忆说："如果没有父亲的鼓励，现在我可能在中国某地的小学教书。"

1930年，吴健雄被保送进中央大学，攻读数学专业。吴健雄资质聪颖，学习游刃有余，在求知欲的驱动下，她翻阅了有关X光、电子、放射性、相对论等方面的书籍，没想到一下子便被伦琴、贝克勒尔、居里夫妇、爱因斯坦等科学巨匠给深深吸引住，于是，第二学年便申请转到了物理系。中央大学物理系当时有很多知名教授，如系主任方光圻、天文学家张钰哲、电磁学专家倪尚达等，特别是后来来了一位叫施士元的教授。施士元教授在法国巴黎大学镭研究所跟随居里夫人做研究多年，是居里夫人培养的中国唯一一个博士生，在课堂上经常讲居里夫人钻研科学的故事。这些故事点燃了吴健雄追求科学的兴趣。吴健雄起初与其他几位女同学一起居住，后来为了能有更多的时间读书，自己便搬到南楼后面平房中的小屋去住了。她除了上课做实验，就是闭门读书，很少参与娱乐活动。宿舍统一关闭电源，她就点蜡烛看书。为了时时鞭策自己勤学不懈，吴健雄将“苦读”二字作为自己的座右铭。施士元后来回忆，吴健雄做学生时，不多言语，待人温和，秉性喜静，爱好读书，兴趣广泛，写出一手刚健秀丽的书法。她特别喜欢做实验。像居里夫人对待自己一样，施士元对这位聪慧的学生给予了更多的关怀。师生结下了深厚的情谊。1934年，在施士元的精心指导下，吴健雄完成了题为《证明布喇格定律》的毕业论文，还获得了优秀。回忆自己的成长之路，吴健雄说，把她带进物理学的关键人物是施士元教授，如果没有那时打下的扎实基础，后来的发展就无从谈起。吴健雄每次回国，都会到施士元家中拜访。其实他们师生之间只是相差4岁。

1936年，吴健雄考入美国加州大学伯克利分校继续读书，并在科学研究的道路上孜孜不倦地追求着。

吴健雄在美国读书期间，由于才貌出众，追求者甚多。在众多追求者当中，她对一位叫袁家骝的留学生产生了兴趣。袁家骝是袁世凯的孙子。其父袁克文是袁世凯的庶出儿子。袁家骝燕京大学毕业后，1936年考入加利福尼亚理工学院。而就在这一年，吴健雄也在这所学

1942年5月30日，吴健雄与袁家骝结婚照

校上课。二人相识并相爱了。1942年5月30日，吴健雄和袁家骝举行了婚礼。婚礼由加利福尼亚理工学院院长、诺贝尔物理学奖获得者密立根教授及其夫人主持，并在密立根院长的花园进行。婚后两人的感情十分融洽。

在中央大学读书时，吴健雄与一位名叫孙多慈的同学建立了很深厚的情谊。这位孙多慈就是曾与画家徐悲鸿爱得死去活来的女主角。吴健雄虽然埋头苦读，但人缘甚好，对同学非常温和、关心，女同学都愿意与她结交，称她为“南楼琼花”。比她低一年级的孙多慈有一天与一位刘姓的同学闲聊，说起了理工学院的吴健雄，两人都说喜欢这位才女，于是便结伴去找吴健雄。从此，吴健雄与孙多慈相识，成为终生挚友。后来，孙多慈和徐悲鸿陷入苦恋，吴健雄还曾劝过孙多慈：“你不能这么优柔寡断，当断则断，不能不面对现实，弄得一团乱。”

吴健雄在哥伦比亚大学做研究时，孙多慈也在这里读研究生。孙多慈举办了一次个人画展，很有影响，纽约不少媒体都发了消息。吴

吴健雄在哥伦比亚大学实验室中

健雄和丈夫袁家骝得知孙多慈也在哥伦比亚大学的消息后，急忙驱车找到了孙多慈。吴健雄与孙多慈多年不见，今日重会，格外激动，两人抱着又蹦又跳，仿佛回到少女时代。吴健雄对孙多慈摆出一副大姐姐的姿态，问东问西，关怀备至。孙多慈在哥伦比亚大学附近租住的房间，又小又阴暗潮湿。吴健雄看了很不是滋味，当即就让孙多慈把房退了，住到自己家里。吴健雄腾出一间既宽敞又明亮的大房间，给孙多慈做卧室兼画室。当时孙多慈正准备去法国巴黎国立美术学院继续深造，吴健雄在哥伦比亚大学请了一位教法语的老太太，专门辅导孙多慈的口语。有一阵子，孙多慈靠画广告画为生。当吴健雄知道画一幅广告画只有100美元后，愿意出双倍的价格买下孙多慈的画。这让孙多慈非常感动。后来，孙多慈到美国治病，也一直住在吴健雄家里。

吴健雄在科学的道路上孜孜不倦地追求，终于取得了丰硕的成果。她通过实验证实了弱相互作用中的宇称不守恒，推翻了此前关于宇称守恒的观念，使物理学进入了新纪元。1958年她当选为美国科学院院士，1975年获美国最高科学荣誉——国家科学奖章。1990年，中国科学院紫金山天文台将国际编号为2752号的小行星命名为“吴健雄星”。

吴健雄对自己的母校国立中央大学怀有特殊的感情。改革开放后，吴健雄和丈夫袁家骝多次回到南京。1982年，吴健雄、袁家骝夫妇还在南京大学物理系工作过一段时间。他们在南京大学、东南大学都设立了奖学金，以表彰在物理实验方面有突出表现的学生。

1997年2月16日，吴健雄在纽约病逝，终年85岁。

1999年，吴健雄纪念馆在中央大学旧址（今东南大学四牌楼校区）内建成，东南大学还建立了吴健雄实验室和吴健雄学院，以纪念这位杰出的女科学家。

赛珍珠:“大地”的珍珠

赛珍珠

在南京大学鼓楼校区的北园西墙根旁，有一座三层西式小洋楼，我上个世纪80年代在南京大学求学时，这里就是我们中文系的办公室所在。那时我经常出入这座小洋楼。一天，一位老师说，赛珍珠曾经在这里住过，我十分诧异，急忙找来有关赛珍珠的资料来阅读，对这位美国作家与南京的关系算是有了一个大致的了解。

后来，中文系搬走了，这幢洋楼成了学校的产业办公室，再后来，产业办公室迁走，成了江苏省文物保护单位。学校在门口立了一尊赛珍珠的铜像，并竖起一块介绍牌匾。现在，越来越多的人知道，这就是赛珍珠的居所。

赛珍珠（Pearl Sydenstricker Buck，1892—1973年），出生在美国弗吉利亚州，父亲为在华长老会传教士。她出生4个月就被父母带到中国，随父母在镇江生活，先后在镇江私立崇实女子中学（今镇江市第三中学）和上海读书，17岁回美国读大学，毕业后又回到中国。1917年春，她在崇实女子中学教书时，与美国康奈尔大学教授约翰·布克结婚。1921年秋，赛珍珠与布克迁居南京，开始时住在金陵大学附近一幢旧砖瓦房里，1927年搬进了平仓巷这座小洋楼里。她在这里生活了7年，直到1934年回国。

赛珍珠因崇拜中国清末名妓赛金花而取名赛珍珠。她先后在镇江、宿州、南京、庐山等地生活和工作了近40年。在南京，她先后生活了13年。在南京期间，赛珍珠创作了描写中国农民生活的长篇小说《大地》（*The Good Earth*）。1932年她凭借这部长篇小说获得普利策小说奖，并于1938年获得美国历史上第二个诺贝尔文学奖。

少女时代的赛珍珠

赛珍珠的丈夫布克（J. L. Buck）是一位农学家，教授农业技术和农场管理的课程。他创办了金陵大学农业经济系，并任系主任。赛珍珠在金陵大学外语系任教，但也在国立中央大学等校兼职教授教育学、英文等课。赛珍珠与当时的文人交往颇多。徐志摩、梅兰芳、胡适、林语堂、老舍等都曾是她家的座上客。

经历无数次退稿挫折后，1931年赛珍珠的新作《王龙》从金陵大学寄到了美国纽约庄台公司，出版人沃尔什答应出版，只是觉得《王龙》这个书名很难为人接受，建议改名。1931年春，装帧精美的《大地》出版，结果好评如潮，销量飙升，一下子成了1931年和1932年全美最畅销的书，很快就有了德文、法文、荷兰文、瑞典文、丹麦文、挪威文等译本。庄台公司也因此从一个负债累累的出版社一跃成为纽约著名的出版公司。沃尔什与赛珍珠订下了协议：赛珍珠写什么，出版公司就出版什么。赛珍珠后来写的《大地三部曲》之《儿子们》《分家》以及其他多种文学作品，也都是由沃尔什出版的。

赛珍珠1934年离开中国后，仍然关注着这片土地。1939年出版长篇小说《爱国者》、剧本《光明飞到中国》、散文集《中国的小说》。1941年，她担任《亚洲》杂志编辑；创办旨在沟通中西方文化的“东西方协会”，担任主席。1942年3月，她应美国之音、英国BBC电台之邀，用汉语广播向中国介绍美国人民如何理解支持中国人民的

1938年，赛珍珠获得诺贝尔文学奖

抗日战争。

在赛珍珠的作品中，主角几乎都是中国人，西方人多是以传教士身份来中国的配角。1932年，中译本《大地》在中国问世。由于受到当时特殊政治环境的影响，一些左翼作家对这部作品的评价并不高。1934年当好莱坞米高梅电影公司（MGM）来到中国拍摄根据《大地》改编的电影，南京市政府官员出面对《大地》描写了饥寒交迫的农民、小老婆、土匪抢劫等情节表示了不满。对于有些镜头的拍摄，政府官员甚至加以阻止。此后的几十年，赛珍珠在中国一直是默默无闻。

与我们对这位美国才女的态度截然不同，这位在中国生活了多年的美国人，则对中国充满了怀念之情。她的一些真情表达，让多年后的我们读来都很感动。赛珍珠说："我一生到老，从童稚到少女到成年，都属于中国。""我的第二祖国是中国。……中国人的生活这么多年来也就是我的生活。他们的生活必将永远是我生活的一部分。"抗日战争后不久，赛珍珠回到美国，一直积极呼吁支持中国抗战。当年，青年表演艺术家王莹赴美开展抗日宣传，赛珍珠曾给予大力支持，帮助联系到白宫演出《放下你的鞭子》，赛珍珠亲自当翻译并报幕。罗斯福总统带领全家及议会官员、各国使节观看了演出。另外，她还为中国作家林语堂的《吾国吾民》在美国出版做了大量的工作。她还将中国四大名著之一《水浒》翻译成英文，取名《四海之内皆兄弟》，介绍给西方。

1991年，作家徐迟在《纪念赛珍珠》一文中说："我认为，长久以来，我们对这位可敬又可亲的朋友是不够朋友的。我们这儿有钦佩她的人。却也曾有某些人物对她毫不热情，而且非常冷漠，甚而至于口出恶言，予以中伤，使她不明不白，感到过伤心和痛苦。”

赛珍珠一直希望能再次回到中国看看，但是她的多次申请都被拒绝。1971年中美关系改善，特别是在尼克松总统访华后，80岁的赛珍珠燃起重回中国的念头，她向美国媒体宣布打算尽快访华。为此，她还同意和美国国家广播公司（NBC）为配合中美关系解冻而做一期专题节目“重新看中国”。可是她没想到1972年5月，她收到了一封回信："亲爱的赛珍珠女士：来信收悉。考虑到长期以来您在著作里采取歪曲、攻击、谩骂新中国及其领导人的态度的事实，我被授权告诉您我们无法答应您访问中国的请求。”赛珍珠接到信之后是怎么想的，我们不得而知。

第二年，赛珍珠就辞世了。赛珍珠葬于宾夕法尼亚州普凯西的绿山农场。按其遗愿，墓碑上只镌刻“赛珍珠”三个汉字篆字。美国历史学家詹姆斯·汤姆森曾这样评价说，赛珍珠是“13世纪的马可·波罗以来描写中国的最有影响力的西方作家”。尼克松总统在悼词中称

赛珍珠在写作

坐落在南京大学校园里的赛珍珠纪念馆

她是“一座沟通东西方文明的桥，一位伟大的艺术家，一位敏感而富于同情心的人”。

改革开放以来尤其是最近三十年来，学术界对赛珍珠的价值有了重新认识与评价。她在南京的故居被列入保护对象，从一个侧面反映了理性的回归。

吴贻芳："嫁"给教育的才女

吴贻芳

她是我国第一所女子大学——金陵女子大学的第一批大学生之一，后来，她又担任了这所大学的校长。

她把自己的毕生精力献给了教育事业，培养了无数人才。

她在南京工作、生活了半个多世纪。在南京求学，在南京工作，最后也在南京终老。

她叫吴贻芳。

吴贻芳（1893—1985年），祖籍江苏泰兴，出生在湖北省武昌市。1893年1月，武昌候补知县吴守训的二女儿出生了。寒冬时节，腊梅芬芳，吴守训触景生情，为女儿起名为"贻芳"，别号"冬生"。她还有一个大她4岁的姐姐贻芬。这吴家姐妹都是异类，不同于一般的名媛淑女，她们不屑于学习女红，而向往新式学堂。但守旧的父亲不同意，认为女子的幸福并不在于读书，而在于嫁个好人家。贻芬生性刚烈，据理力争无果之后，竟然试图吞金自杀。吴守训夫妇受惊不小，只好将姐妹二人送入杭州弘道女子学堂学习。从此，15岁的贻芬和11岁的贻芳在杭州开始了学习生活。二姨父陈叔通是杭州开明名士，特别关心姐妹俩的学业。两年后，陈叔通发现弘道女子学堂没有设置英语课程，建议姐妹俩去课程设置更为先进的上海启明女子学堂。姐妹俩在启明女子学堂学习了一段时间后又转至苏州景海女子学堂。然而，这时厄运接二连三地降临到姐妹俩头

任金陵女子大学校长时的吴贻芳

上。1909年，父亲吴守训因为一笔公款被上司诬陷，惊恐与愤怒之下，跳江自杀。随后，哥哥吴贻榘不堪生活压力，也自杀了。双重打击之下，母亲朱诗阁一病不起，不久离开人世。姐姐吴贻芬伤心过度，在母亲的棺椁旁悬梁自尽。短短一个月时间，幸福的一家七口，只剩下吴贻芳、年迈的老祖母和不足7岁的妹妹吴贻荃三人。巨大的悲痛让吴贻芳神思恍惚，天天以泪洗面。吴贻芳日后回忆说："人生的不幸几乎全集中到我身上，我真是哀不欲生，也萌生了轻生的念头……"幸好二姨父陈叔通劝慰她："自杀是不负责任的表现，你上有老祖母，下有小妹，你对她们有责任啊！"年仅16岁的吴贻芳成了家庭的顶梁柱。

1913年，美国浸礼会、监理会和基督会等教会创办金陵女子大学。第一届学生只有9人，吴贻芳是其中之一。她曾这样回忆自己的入学仪式："那时，有一位美国校长说'现在坐在这座高大的房子里的只有你们9个学生，但是我看到的不是9个，我看见还有成排的学生在你们后面'。"

1919年，五四运动爆发，吴贻芳组织同学打着校旗，参与学生游行，产生了不小的影响。同年吴贻芳毕业后到北京女子高师任教。1921年冬，美国蒙特霍利克女子大学校长到北京女高师讲演，由吴贻芳任翻译。吴贻芳一口流利的英文给这位校长留下了深刻的印象。经这位校长推荐，吴贻芳去了美国密歇根大学研究院继续深造。

1926年，吴贻芳在密歇根大学读博士。一天，澳大利亚总理应邀到校做演讲，他肆意批评中国："中国，不仅经济落后，而且人民无知、政府无能、盗匪遍野……临近的亚洲国家，应该移民到中国去……以免上帝赐给我们的资财，都被那些不开化的野蛮人白白地浪费掉……”听到这里，吴贻芳愤怒不已，站起来大声抗议：“你这是对中国的严重污蔑！”说完愤然离场。吴贻芳连夜赶写一篇批驳澳大利亚总理的文章，第二天发表在《密歇根大学日报》上，文章言辞工整，态度鲜明。

1945年，吴贻芳在联合国大会《联合国宪章》上签字

1928年，经过金陵女子大学前任校长德本康夫人的推荐，吴贻芳回到南京担任该大学校长。这一年她35岁。1930年，金陵女子大学改名金陵女子文理学院。

吴贻芳与魏特琳、程瑞芳曾是金陵女子文理学院的同事。侵华日军占领南京期间，吴贻芳校长转移到了后方继续办学。受吴贻芳的委托，魏特琳和程瑞芳则留在南京保护了校园。

1943年，正是中国人民抗日战争的艰苦年代，吴贻芳作为六位著名的教授之一，赴美宣传抗日，罗斯福总统盛赞她为“智慧女神”。

1945年4月，吴贻芳作为中国无党派代表与首席代表宋子文、中共代表董必武等赴美国旧金山出席联合国制宪大会，成为在《联合国宪章》上签字的第一位女性。

吴贻芳后来一直担任金陵女子文理学院校长，为培养女性人才倾注心血。关于金陵女子文理学院的办学理念，吴贻芳说：“当时学校用‘厚生’作为校训，立意为：人生的目的，不光是为自己活着，而是要用自己的智慧和能力来帮助他人和社会，这样不但有益于别人，自己的生命也因之而更丰满。学校用这个目标来教导学生，并通过学校生活的各方面以潜移默化的方式引导学生向这个方向努力。”

吴贻芳一心扑在教育上，对名利十分淡泊。1946年2月，宋美龄建议她出任教育部长，被她拒绝了。1949年初，张治中推荐吴贻芳做教育部长，她还是谢绝了。

1949年10月1日，吴贻芳以第一届全国政协委员的身份站在天安门城楼上参加了开国大典。1951年金女大和金大合并，吴贻芳任金陵大学校务委员会副主任委员。同年，担任江苏省教育厅厅长。后来，担任江苏省副省长。1985年在南京离世，享年92岁。

为了纪念这位了不起的教育家和社会活动家，南京师范大学在金陵女子大学原址建有“贻芳园”。贻芳园内立有吴贻芳铜像，还建有吴贻芳纪念馆。根据吴贻芳事迹创作的电影《吴贻芳》和电视连续剧《吴贻芳》都已面世。

吴贻芳终身未嫁。1948年8月，吴贻芳主校20周年纪念活动上，金陵女子文理学院的学生们自编自导自演了话剧。大体的情节是——

吴家二小姐贻芳，美国密歇根大学生物学与哲学双博士在读，才貌双全，年过三十，依旧未婚。说亲的媒婆，来了一拨又一拨，踏破了门槛，吴小姐却始终不点头。有好奇的人问：“吴小姐，你为什么不结婚？”吴贻芳微笑着回答：“我在等待一个合适的人。”

时光荏苒，三年过去了。一个英俊的男人来到吴贻芳家里求亲，吴贻芳欣然应允。是谁，竟然让吴小姐青眼有加？他是“教育之神”。从此，吴贻芳成了教育的女主人。

演到这里，帷幕缓缓闭合……

“吴贻芳嫁给了教育”的故事，一时传为佳话。演到精彩处，坐在台下的吴贻芳微笑着点头。吴贻芳少年坎坷，中年执校，为金陵女大贡献了数十载青春，说是嫁给教育，恰如其分。

明妮·魏特琳：祈求“金陵永生”的华小姐

魏特琳

她是美国人。她叫明妮·魏特琳，她有一个中国名字——华群。南京老百姓称她叫“华小姐”。

她为南京人做了太多的好事。侵华日军占领南京期间，她和其他留守南京的西方国家人士一起，冒着生命危险，组成南京安全区国际委员会与国际红十字会南京分会，极力保护中国难民。南京人亲切地称她为“观世音菩萨”。

魏特琳1886年9月27日出生于美国伊利诺伊州司考尔镇的一个农家。1912年秋，她由美国联合基督教传教士公会派遣到中国合肥任教。1919年9月，她来到南京金陵女子大学，担任教育系主任。1930年，该校改名为金陵女子文理学院。她在南京生活了21年。

说到华小姐，吴贻芳回忆说，“华群教授体格魁梧，容貌庄严；然对人时露笑容，以此高贵而和蔼可亲”。（《华群教授事略》）她工作非常认真，遇到困难，总是废寝忘食地去解决。她平时乐于助人，与邻居相处得非常好。她在自己家附近还成立了一个“乐群社”，帮助周围人，所以，吴贻芳说：“附近的人，没有一个不认识华群教授；也没有一个不说华教授好的。”

1937年8月15日日军飞机开始轰炸南京，此后数月间连续不断。美国驻华大使馆多次通知在南京的美国籍妇女与儿童抓紧撤离。而就在这时，魏特琳本该有机会回美国享受为期一年的假期，但她放弃了，她决定留下来为南京做点保护工作。

南京金陵女子文理学院地处南京市中心，吴贻芳校长决定留校教职工组成驻校维持委员会，推选魏特琳为主任。1937年11月中旬，日军兵分三路向南京进逼。17日，魏特琳致信美国大使馆，建议设立一个安全区，让那些无法撤离南京的难民有一个相对安全的栖身之地，以躲避战火。她在给朋友的信中说："无论从地理位置或建筑物的牢固性来说，金陵女子文理学院作为难民收容所是再合适不过了。"不久，由德国西门子公司南京分公司经理拉贝为主席的南京安全区国际委员会成立，接着又成立了国际红十字会南京委员会，魏特琳担任红十字会委员。在魏特琳的努力下，金陵女子文理学院设立了妇女儿童难民收容所。

1937年12月13日，日军进入南京城后，妇女儿童纷纷涌进金陵女子文理学院的难民收容所。魏特琳一面组织校内教职员工巡逻校园，一面请来在国际安全区服务的外籍男士轮流守夜。她自己更是日夜操

金陵女子大学

劳，不是守在门房，就是被叫去阻止进校来奸掠的日本士兵，从他们手里夺回中国妇女。她整天吃不上一餐安顿的饭，无法睡上一个安稳的觉。日本士兵拿着血迹斑斑的刺刀威胁她，野蛮地打她耳光，她都忍受了，因为她觉得有很多事情需要去周旋。她说，金陵女院就是我的家，我绝不离开这里。魏特琳有记日记的习惯，每天再忙，她总是会把当天的所见所闻记录下来。这些记录日后成了侵华日军暴行的铁证，同时也是我们了解这位爱心人士的重要史料。

魏特琳女士在12月15日记道："昨天和今天，日本人进行了大规模的抢劫，摧毁学校、杀害市民、强奸妇女。国际委员会试图拯救的1000多名已被解除武装的中国士兵被日本人强行带走了，此刻可能已被枪杀或刺死。"1937年12月16日的日记中说："我不知道今天有多少无辜、勤劳的农民和工人被杀害。我们让所有40岁以上的妇女回家与她们的丈夫及儿子在一起，仅让她们的女儿和儿媳留下。今夜我们要照看4000多名妇女和儿童。不知道在这种压力下我们还能坚持多久，

魏特琳（前排左四）与国际安全区成员

这是一种无以名状的恐怖。”1937年12月17日，她记载：“又有许多疲惫不堪、神情惊恐的妇女来了，说她们过了一个恐怖之夜。日本兵不断地光顾她们的家（从12岁的少女到60岁的老妇都被强奸。丈夫被迫离开卧室，怀孕的妻子被刺刀剖腹）。”

尽管校园门口挂着美国国旗公告，但起不了多大作用。每天都有成批的日军或从校门口强行入校，或爬过围墙入校。魏特琳干脆守在大门口，拦阻呵斥企图强行入校的日军。魏特琳在12月16日的日记中写道：“一天中的大多数时间我都像卫兵一样守卫在前门或是被叫去处理其他问题——跑到学校的其他地方去对付进入校园的一批又一批日本兵。”有许多晚上她都是和衣而睡，以便能随时起来去应对突发事件。她在日记中写道：“我们这些人认为战争是民族的罪行，是违反在天地万物心灵深处创世精神的一种罪过，但我们可以把自己的力量奉献给那些无辜受害者，以及献给那些家庭被烧、被抢，或是那些在战争时期被大炮、飞机炸伤的人，帮助他们康复。”

许多难民失散了亲人，生离死别的痛苦笼罩着难民营。魏特琳安慰她们说：“中国没有亡，中国不会亡，日本一定会失败。”同时她为难民寻找失散的亲人。每天早上，她都派员工到难民中去登记，写上失散人的姓名，然后由她转交安全区国际委员会或交日本使馆，催促他们去设法寻找。

一次，她看见一个中国小男孩戴着日本国旗的臂章来给住在金女院的姐姐送饭，便上前对那小男孩说：“你不用佩戴太阳旗，你是中国人，你们的国家没有亡！你要记住是哪年哪月戴过这个东西的，你永远不要忘记！”说着，她帮那个男孩把那臂章取了下来。她在日记中写道：“从军事角度而言，占领南京也许会被认为是日军的一个胜利，但从道义方面而言，这是失败，是日本民族的耻辱……要是日本有良知的人知道南京发生的一切就好了！噢，上帝！阻止日军凶残的兽性，安慰今天无辜被屠杀者的父母们的破碎的心，保护在漫漫长

夜中备受威胁的年轻妇女和姑娘吧！愿没有战争的日子早日到来！”（1937年12月16日日记）

1938年1月底，日军在南京扶植起伪政权后，下令关闭南京所有的难民收容所，裁撤国际安全区，规定所有难民都必须回自己家，魏特琳不顾日军的命令，毅然决定让那些不愿回家或无家可归的中国妇女继续留在金陵女子文理学院。从1938年6月起，魏特琳还为她们创办了职业训练班，教她们织手巾、织袜子。1938年9月，她又为失学女青年办起了女子中学，招收了170多名学生。对于魏特琳热心、周到、卓有成效的救助工作，金陵女子文理学院校长吴贻芳曾这样评价：“此种救人之尽力与周密，实古今中外所罕观……”

由于过度的操劳与巨大的精神压力，魏特琳的身体出现了状况。她在1938年3月20日的日记中写道：“过去的一星期有许多因素使我情绪低落，可能最主要的因素是我劳累至极……第二个令我情绪低落的原因是我的工作堆积如山，压得我喘不过气来。”她在此期间的日记中常常写道：“太倦了，倦得连字都写不出来”，“倦得无法思考”。魏特琳患上了严重的精神忧郁症。

1940年5月14日，魏特琳在多方劝说下决定离开南京，回美国治病。从内心来说，她很不愿意离开南京。她在日记中写道：“多年来我深深地爱着金陵女子文理学院并且试图尽力帮助她。”

回到美国后，魏特琳的病情进一步恶化。1941年5月14日，也就是她离开中国正好一周年的那天，她关闭了家中所有的门窗，打开了煤气阀，结束了自己的生命，年仅55岁。美国基督教传教士联合会宣布魏特琳死讯时说：“我们认为，像在战场上倒下去的士兵一样，魏特琳女士也是在战争中牺牲的。”

美籍华人作家张纯如女士说：“魏特琳的去世，是一名英雄之死，她也是一名南京大屠杀的牺牲者，她为了拯救成千上万人的生命而最终也牺牲了自己的生命。”

魏特琳没有双亲，没有家庭，她的弟弟把她的遗体运回了一个叫雪柏的小镇，简单地安葬了。她的墓碑上雕刻着金陵女子文理学院的平面图，墓碑上用英文刻着：“明妮·魏特林，观音菩萨，到中国去的传教士。”但在最醒目的地方刻下的，却是四个中国汉字——“金陵永生”。她在临终前说：“如果能再生一次，她还是要为中国人服务，中国是我的家。”

在她葬礼的同一天，得知消息的金陵女子文理学院的师生在成都也举行了悼念仪式。

魏特琳的日记从1937年8月12日开始，到1940年4月14日结束。当时她每月定期将日记邮寄给美国好友，以便她们更好地了解中国时事。在美国的好友认为魏特琳的日记很有价值，于是将它寄给俄亥俄州辛辛那提市的《同学》上发表。后来，魏特琳日记一直沉睡在耶鲁大学图书馆里。1995年的一天，华裔女作家张纯如在耶鲁大学图书馆里发现了《魏特琳日记》。张纯如在日记中说：“当我在耶鲁读完魏特琳日记和她的书信时……我既愤怒又很困惑，为什么这些记录没有被编辑成一部书出版呢？为什么在过去的半个世纪里魏特琳却被公众遗忘呢？为什么魏特琳的精神没有成为全世界所共有的遗产呢？”在张纯如的努力下，2000年4月，历史学家胡华玲出版了《南京大屠杀时期的美国女神：明妮·魏特琳的勇气》，这是第一部完整的关于魏特琳的英文传记。一部以魏特琳一生为内容的剧本《明妮眼中的世界》由玛格里特·沃特斯特编写，并在伊利诺伊州的芝加哥上演。同年，《魏特琳日记》的中文版在中国出版，受到各方关注。

坐落在金陵女子学院的魏特琳塑像

看《魏特琳日记》，可以感受到魏特琳是一个十分敏感、充满爱心的女人。她热爱生命，热爱美好事物。吴贻芳说她“酷爱自然，常在课余植树种菊，对菊花的爱好，不亚于五柳先生。每至深秋，辄陈菊数百盆，公开展览，与爱好之人，共同欣赏”（《华群教授事略》）。她喜欢在日记的开头记录天气。1937年10月14日，“今天的阳光明媚，是个美丽的秋日。”10月20日，“感谢上帝，夜里没有空袭。今天又是一个美丽的秋日。”10月21日，“又是一个好秋天，阳光明媚，秋色怡然。”1938年2月6日，“2月4日立春，天气暖和了一些，阳光灿烂。一些春天的小鸟在四处叽叽喳喳地叫着。即将来临的春天似乎太令人伤感。”2月11日，“这是一个美丽、晴朗的日子，春天离我们不远了。”2月15日，“报春鸟来了，我起居室里的迎春花正在开放。”2月19日，“今天天气非常好，春天来临了。当我们想起往日此时的欢乐和工作时，春天反而使我们感到非常难过。”2月20日，“今天春光明媚，天上飞机仍在不断地飞。”3月8日，“早晨，大地银装素裹，覆盖着一层美丽的白雪，这是冬天最美的景色，当然也非常冷。”3月10日，“早上，一片美丽的洁白世界，可惜，明媚的阳光使雪很快融化了。”透过这些充满诗意的表达，人们看到的是一颗多么柔软的心！很难相信，如此热爱自然、热爱人生、热爱和平的魏特琳，有一天会毅然决然地结束自己的生命。

随着南京大屠杀那段惨痛历史逐渐被重视，魏特琳也被世人所知晓、所尊敬。如今，坐落在金陵女子文理学院校址上的南京师范大学在校园里建起了一尊魏特琳的塑像，以纪念这位仁慈的“观世音菩萨”。

李秀英：屠刀下的幸存者

李秀英

她是一个怀有7个月身孕的弱女子，但她敢于同三个日本兵搏斗，身中37刀。

她是侵华日军南京大屠杀中的幸存者。在后来的岁月里，她经常以自己的亲身经历为历史作证，控诉日军的暴行。

她叫李秀英。

李秀英，南京人，生于1918年。1937年12月，侵华日军进入南京。李秀英因怀孕，无法逃往外地，与其父一起躲进了南京国际安全区，在五台山小学美国教会学校的地下室避难。没有想到，日军占领南京后，到处搜寻妇女。李秀英还是被日本兵发现了。

下面是李秀英自己的回忆——

"十二月十九日上午九点钟，来了六个日本兵，跑到地下室，准备拉走我和其他十多个年轻妇女。我想宁死也不能受辱，急得没有办法，就一头撞在墙上，撞得头破血流，昏倒在地。当我醒来时，日本兵已经走了。后来我感到这样做没有用，我自幼跟父亲学过一点武术，可以跟他们拼一拼。这天中午，又来了三个日本兵，他们把男人赶开，把两个妇女带到另外一间屋子里，准备奸污。这时一个日本兵上来解我的纽扣，我看到他腰间挂着一把刺刀，我急中生智，决定夺他的刀。我趁日本兵上来解我衣扣的瞬间，抽出了他的刀，同日本兵拼搏。日本兵见状大惊，同我争夺刀柄。我夺不了刀，就用牙咬，咬住日本兵不放。日本兵被咬痛了，哇哇直叫。隔壁屋里的两个日本兵听到喊声，就跑过来帮助这个日本兵。我一人对付不了这三个人，但我紧紧抓住刀柄不放，和这个日本兵在地上滚来滚去搏斗，其他两个日本兵就用刺刀向我身上乱戳，我的脸上、腿上都被戳了30多刀。最后，一个日本兵用刺刀向我肚子刺来，我立即失去了知觉，什么事情也不知道了。”

日本兵走后，李秀英的父亲看到女儿已经“死”了，找了几个邻居在五台山旁挖了一个泥坑，把门板拆下来做成担架，把她抬出去准备埋葬。就在出门的时候，他们发现她还有些气息，就赶忙把她送到鼓楼医院。当时留在南京的美国医生威尔逊对她实施了抢救。幸运的是，李秀英被救了过来，但孩子流产了。当时，美国约翰·马吉牧师刚好在医院，在治疗现场拍摄了一段影片。威尔逊医生在日记中也记录了这件事。当年留在南京的西方人士如拉贝、麦卡伦等人的日记与书信中都对李秀英受伤的情况有记载。

1947年，李秀英曾在南京军事法庭审判南京大屠杀主犯谷寿夫案中出庭作证。

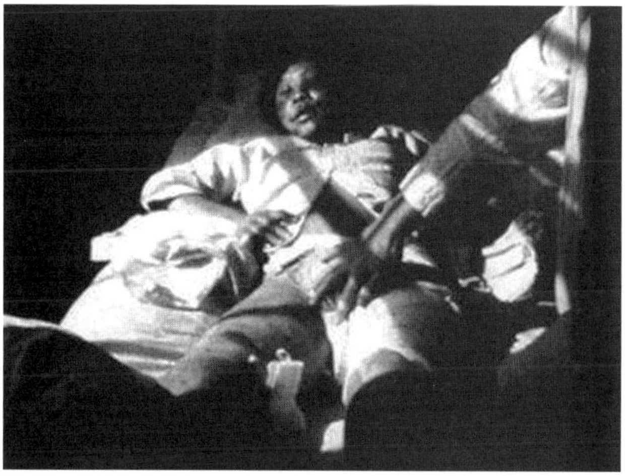

李秀英在鼓楼医院接受救治

后来，李秀英还到日本参加和平集会，为侵华日军的罪行作证，控诉日军暴行。她一再说——

“我们要记住历史，不要记住仇恨。”

1998年，日本作家松村俊夫在其《南京大屠杀的大疑问》一书中，声称1998年活着的李秀英不是南京大屠杀时候的李秀英，污蔑她是“假证人”。1999年9月，李秀英向东京地方法院提出诉讼，要求松村俊夫及《南京大屠杀的大疑问》一书的出版社展转社、发行人相泽宏明在日本主流媒体公开道歉，并赔偿名誉权损失1200万日元。经过漫长的八轮辩论后，2002年5月10日，东京地方法院认定了侵权事实，判处松村俊夫等被告向李秀英老人赔偿名誉权损失150万日元，但对原告提出的公开道歉这一诉讼请求未予支持。双方均对判决不满，同时提出上诉。随后的二审维持了原判，松村俊夫等又上诉至日本最高法院。2005年1月20日，日本最高法院审判长导田仁郎等5位法官一致判定，驳回被告松村俊夫、相泽宏明以及出版社展转社的上诉请求，维持东京高等法院对李秀英案的二审判决。而李秀英已经于2004年12月4日在南京鼓楼医院逝世，享年86岁。

笔者在做记者的时候，曾经多次采访过李秀英。记得她当时住在南京市解放路一个旧式的民宅里。老人一口南京话，精神很好。那些年，每到12月13日（南京大屠杀遇难同胞纪念日）前后，总会有很多媒体记者前去采访李秀英。

俗话说：“大难不死，必有后福。”李秀英后来生了9个子女。大难之后的人生道路算是平平安安。

李秀英去世后，葬在南京的雨花功德园，雨花功德园特地为她立了一尊塑像。

程瑞芳：她用日记为遇难者作证

程瑞芳（右一）

日本鬼子快要打到南京时，她已经62岁，本来她可以早一点离开南京，逃离魔爪，但她主动要求留下来护校。

日本鬼子进城后肆意屠杀，她义无反顾地站出来，和其他富有正义感的留守人士一道，保护了成千上万的妇女与儿童。

她的文化水平不高，当年只是一个做杂务工作的管理员，但她每天写日记，在那充满血腥的84天里记下了约3万字的日记。这些日记后来成了当年侵华日军残暴的铁证。

她叫程瑞芳。

程瑞芳原名乐瑞芳，后随夫姓。湖北武昌人，1875年出生，笃信基督教，1894年毕业于武昌护士学校。毕业后，她在当地的美以美会妇科医院做看护，1922年任圣希里达子弟小学校长，1924年来到金陵女子大学担任舍监（相当于宿舍管理员），负责管理学生的宿舍和食堂。

1937年8月15日，日寇轰炸南京时，金陵女大校长吴贻芳成立了紧急委员会，程瑞芳就是其中一员。这年的12月，在日寇攻破南京城前夕，美籍人士明妮·魏特琳女士、程瑞芳、陈斐然组成了三人非常委员会，负责留守学校，建立金陵女大难民所，收留无家可归的妇女儿童。

南京沦陷后，滞留南京的20多位西方人士，本着人道主义精神，在南京城西北部一块约3.86平方公里的土地上，建立了国际安全区，从日军的枪口与刺刀下拼死救护中国难民。在这期间，魏特琳女士在她的日记中多次提到了程瑞芳。

《程瑞芳日记》自1937年12月8日起至1938年3月1日止，这期间正是日军进犯南京并实施残暴屠杀的日子。

比如，12月13日这天，程瑞芳写道："下午2时，日兵由水西门进城。今晚有人跑到学校里，来得不少。日兵跑到他们这〔家〕里，要他们走，因为（日本）兵要睡（觉）。跑出来的人都是空手……这些人骇〔吓〕死了。……我辛〔心〕酸了，真是凄惨，不知明天还要闹出什么事情来。"

12月14日这天，她写道："今日来的人更多，都是安全区逃来的，因日兵白日跑到他们家里抄钱、强奸。街上刺死的人不少，安全区内都是如此，外边更不少，没有人敢去，刺死的多半青年男子。"

金陵女子大学

12月17日这天，日本兵闯入金陵女大，他们将魏特琳等工作人员控制在校门口，而其余的士兵趁机跑进大楼挑选并强行带走十多名年轻姑娘。程瑞芳是这个事件的记录者，她说，“这种亡国奴的苦真难受，不是为民族争生存，我要自杀。……今晚拖去共十一个姑娘，不知托〔拖〕到何处受强奸，我要哭了，这些姑娘将来如何?”

12月18日这天，她记道：“这些日本兵猖狂极了，无所不为，要杀人就杀人，要奸就奸，不管老少……现在（安全区里）大约有九千多人了，外面的走道上睡了人，如同沙丁鱼在盒子里。”

12月29日这天，她记道：“今日在此登记男人，把全城的男子都弄到此地来登记。留下一些年轻人是他们所疑心的，（让）这些女难民出来承认是他们的父兄、丈夫或亲戚。有一个老太太有胆量，出来认了三个人，其实她也不认得他们，就是要救他们。有一个年轻女子也出来认，说是她的哥哥，回来里面换件衣服，又出来认她的亲戚，此人真是可佩……现在日兵清理街道，把死人埋下土，或是烧，街上的死人太多了。”

我在阅读《程瑞芳日记》时，有几个印象：一是程瑞芳对日记是有意为之，她一再强调这是“罪证”，是“留给大家看的证据”。看了她的日记复印件，有些潦草，可以想见，在当时那么忙碌的情况下，每天都能拿起笔来记录不是一件容易的事情。这可能受了她身边的魏特琳女士记日记的影响。二是程瑞芳对日本兵残暴的行为十分痛恨。1938年1月25日记录了两个兄弟打死了一个日本兵，她写道：“真好，打死一个出口气也是好的。”12月19日的日记记录道：“受这种耻辱，何日能雪耻？”三是她对同胞表现出极大的同情。比如她写道：“不写了，想起中国人不能不心酸。”四是她的文化水平虽然有限，文字稚嫩，多数是大白话，甚至前后句之间缺少严密的逻辑关联，但这丝毫不妨碍我们理解她的意思。相反，读到她的这些大白话，我们感到很真切。五是她的日记中还夹杂着不少南京方言。比如，1938年1月11

日，“日兵把中国米、灰面抢去卖钱”，灰面就是南京话，是面粉的意思。“我心酸了，将上四个月，南京城就没有平静。”“将上”在南京方言中是最近的意思。

虽说金陵女大位于国际安全区内，但对藏身于此的妇女儿童们来说也并非是绝对的安全之地，日本兵经常闯入安全区来抓人。以程瑞芳为首的中国员工们协助魏特琳女士，极其艰难地开展工作。魏特琳对此发出由衷的赞美：“程夫人在过去几个月里真是棒极了，非常了不起地处置各种情况。”（《魏特琳日记》）

史料记载，程瑞芳在抗战胜利后的1946年，曾远赴日本，在远东国际军事法庭上作证。她用自己在金陵女大安全区的亲历亲见，控诉了日军在中国南京所犯下的烧杀抢掠的种种暴行。程瑞芳在证词中说：“我71岁，是金陵女子文理学院宿舍总管。1937年12月，南京沦陷后，校园被宣布为一个安全区。金陵女子文理学院收容了1万多妇女和儿童。”程瑞芳列举了她亲眼看到的日军在校园里强奸、抢劫和杀人的数个证据。

《程瑞芳日记》的发现是一个偶然。2001年12月初，中国第二历史档案馆工作人员郭必强等人在整理金陵女子文理学院（金陵女大）零散档案时发现一本《首都沦陷金校留守日记》手稿，封面署名陈品芝，翻开内页发现记述的是1937年12月8日至1938年3月1日这段时间里南京国际安全区第四区，也就是金陵女大难民所内发生的一切。郭必强和他的同事经过考证发现，陈品芝是当年金陵女大的生物学教授，再经过进一步考辨，日记的真正主人叫程瑞芳。至于为何署名陈品芝，郭必强解释

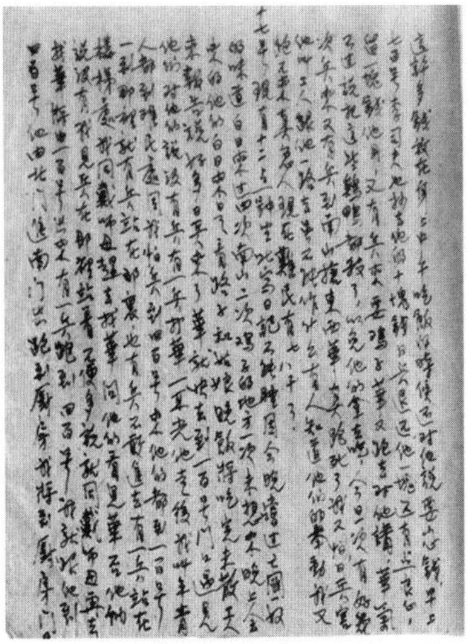

程瑞芳日记原件

说："在那样艰难恐怖的环境下，记录这样一份特殊的日记是冒着生命危险的。经过伪装的日记，后来是通过程瑞芳在长江江面军舰上的美国朋友带到上海，又经武汉转到搬迁至四川的金陵文理学院，陈品芝将日记重新装订做了个封面。"

《程瑞芳日记》的发现，具有重要的史料价值。这是首次发现的中国人以亲历见闻形式记录下的侵华日军南京大屠杀日记，而在此之前，公布于世的都是西方爱好和平人士的日记，如《魏特琳日记》《拉贝日记》等。

1952年，已经77岁的程瑞芳离开了南京，回武汉居住。1962年，程瑞芳还应吴贻芳校长的邀请，返回过南京。她重游了金女大的校园。我想，这位八十多岁的老人旧地重游，一定会有无限感慨。

好人程瑞芳，得到了上天的眷顾。她活了94岁，1969年在武汉离世。

程瑞芳的孙子程国祥在南京大屠杀期间与程瑞芳一起生活在金陵女大国际安全区。他回忆说："日军攻占南京后，我和妈妈、妹妹一起留在南京与奶奶住在一起，当时我10多岁。奶奶说都走了学校没有人看守，自己年纪大了，不想走，就留下了，还有华群小姐（魏特琳）也没走，她们一起在国际安全区金陵女大难民所看护难民。奶奶总是很忙，管宿舍、膳食，在难民所还在协助华群小姐做很多事。因为日军常常进来抓人，人人都害怕，奶奶就常叫妇女们用布条包上头，脸上抹一些炉灰，躲在被子里，以防不测。"程国祥还记得那时常常看到奶奶夜间在自己的房里用钢笔在灯下写着什么，因为奶奶管的事情很多，他当时以为是在记账。

一个普普通通的中国妇女，彼时已是花甲之年，但她将生命置之度外，不仅极力挽救南京妇女儿童的生命，而且还想到用文字的形式记录下日军的暴行，为历史存证，其勇气令人敬佩！

南京人不应该忘记这位充满正义感的善良女人！

金陵女大“999朵玫瑰”

金陵女大的首批学生

历史惊人地巧合。

清朝乾隆时代，在南京城西的随园里，经常有一群年轻的才女翩然出入，她们都是文坛领袖袁枚老先生的女弟子。在女子普遍不读书的时代，袁枚招收女弟子，可以说是石破天惊之举。

两百多年后，就在随园旧址的附近，建起了一座女子大学——金陵女子大学，这可是中国第一所现代意义上的女子大学。从1915年到1951年，有999个中国女子从这里毕业或结业，她们被誉为金女大的“999朵玫瑰”。

说起这所女子大学，得感谢20世纪初在中国传教的那些传教士。1913年（民国二年），美北长老会、美以美会、监理会、美北浸礼会和基督会等美国教会决定在长江流域联合创办一所女子大学，最终选定了在南京办学。

我们不该忘记美北长老会的代表德本康夫人，她为这所大学倾注了很多心血。

德本康夫人1875年5月16日生于美国康涅狄格州的哈特福德郡，父母都是清教徒，13岁受洗入教，后进入马萨诸塞州的蒙特霍利女子大学学习。大学毕业后来到中国传教。1906年至1911年在长沙雅礼会儿童学校、湘雅医学院教书，并在医院做协助工作。美国教会组织决定在中国长江流域建立女子大学的计划，改变了她的人生轨迹。

德本康夫人

由于德本康夫人具有良好的大学背景，与美国教会大学关系良好，美北长老会决定派她到南京筹备建校。1913年9月20日，德本康夫人来到了南京。她一边学习中文，一边在长老会的明德女中上课，同时筹备女子大学。女子大学筹委会推荐她为女子大学校长。1915年初春，学校租赁南京城东绣花巷李鸿章小儿子的住宅为临时校舍。9月17日，金陵女子大学正式开学。当时只有4位外籍教师、两位华人教师。后来，德本康夫人主持校务工作15年，为学校创建、筹募经费和规划完工费尽了心血。她除了做管理工作，还亲自给学生上课。她教过圣经、天文、大学代数、几何等课程。她还当过合唱团的指挥。真是一个多面手！

1928年11月，国民政府收回大学的办学权。德本康夫人辞去了

1918年，金陵女大的学生们在打排球

金陵女子大学校园

校长职务。她推荐金陵女子大学的首届毕业生吴贻芳担任校长。而此时，吴贻芳正在美国留学深造，刚刚获得博士学位。德本康夫人非常喜欢这个首届毕业生。

金陵女子大学第一年招收的新生只有11名，主要来自南京、上海、宁波、杭州、镇江、九江等较大的城市。4年后，首届5名大学生毕业。她们是吴贻芳、徐亦蓁、刘剑秋、任倬、汤惠菁。1919年6月25日，金陵女子大学为她们举行了毕业典礼。

吴贻芳毕业后，工作了几年去美国密执根大学读研究生。

徐亦蓁毕业后在上海协助丈夫办医院。

刘剑秋毕业后去了上海一家医院当了医生。

任倬也当了一名医生。

汤惠菁毕业后到美国波士顿大学宗教学学习，获得硕士学位后回到上海任教。

1916年春，金陵女子大学校董会选择了永久性的校址，在鼓楼西南方向的随园陶谷买了一块地，并且聘请美国建筑师茂飞为大学设计

首届女生在跳集体舞

建筑图。中国年轻有为的建筑师吕彦直（中山陵的设计者）参与设计。1923年新校园落成。校园拥有100号楼、300号楼等6幢建筑，兼收中西风格，典雅大气而富有韵味。

金陵女子大学的教育采用西方现代教育理念，分文理两科，设有英文、历史、社会学、数理学、化学、生物、音乐、体育、医预科等。要知道，过去中国的传统教育都是以私塾家学为主，袁枚的教育也主要是教教那些女学生们写写诗。而现在这些女子则和世界接轨，开始学习包括自然科学在内的各个领域的学科。

金陵女子大学非常注重优雅教育。新生入学，每人都有一张特殊的健康卡，记载该生是否有体态、姿势等缺陷需要矫正，是否因体弱或体重不达标而需要上和缓体操或增加营养。每一学年有一周称为“Posture Week”（仪态周）。在这一周内，全校同学在走路、行动等方面都要经过严格的训练。周末，学生们会排成长队，在大草坪上行走，一面有音乐伴奏，一面有体育老师对队伍中的每一人检查、记录，认为合格才能通过。经过健体、美仪的训练，女生们随时随地都会注意自己的坐姿、立姿和行姿。金陵女子大学每年还要举行一次“Miss Posture”（仪态小姐）评选。每年的5月1日是五月花柱舞会。这个从西方传来的节日，意在庆祝百花盛开的春之烂漫。这一天，女生们穿着漂亮的衣服，在操场上围着五月花柱翩翩起舞。学校还选出“五月皇后”。这样的传统，即便是在西迁重庆之后也没有中断过。

美丽、优雅、知性……金陵女子大学的师生曾是时尚风潮的标杆。从照片看，他们的衣服非常时尚，即便是放在今天，也是不落伍的。这些女子们太幸福了。

日本侵略南京期间，吴贻芳和大部分教职工迁到成都。随园校区成立维持委员会，由魏特琳小姐担任主任，宿舍管理员程瑞芳、助理会计陈斐然为委员。魏特琳和留守人士打开了校门，收容了数万名妇女儿童。

金陵女子大学的毕业生后来很多到美国继续深造。比如，1919年至1922年四届毕业生33人，赴美国深造的就有20人。学校非常重视师范教育。1931年统计，188名学生中有106人从事教育工作，其中有15人担任女子学校的校长，8人担任教务长或校务监督。这些受到良好教育

学生们演出后合影

的女子在中华大地播撒知识的种子，为中国的教育事业做出了贡献。

金陵女子大学的毕业生中很多成了栋梁之才。她们中有的成为科学家，有的成为教育家，有的成为医学专家，有的成为社会活动家。比如，1925年毕业的刘恩兰成为我国第一位女自然地理学家、女海洋学家。1926年毕业的鲁桂珍成为营养学家、中国古代科技史专家。她是著名科学家李约瑟博士的助手，后来成了李约瑟的夫人，两人合著《中国科学技术史》。1926年毕业的邓裕志成为著名的社会活动家。1927年毕业的王耀云成为著名的妇产科专家。1928年毕业的汤铭新成为儿童教育专家。1932年毕业的刘家琦是我国著名的眼科专家。1932年毕业的胡秀英成为植物分类学专家，美国哈佛大学终身教授。1940年毕业的熊菊贞是国际病毒医学界的权威，美国病毒学会创始人、耶鲁大学教授、耶鲁附属医院病毒实验室主任。1947年入学的郑小瑛成为我国第一位女指挥家。1949年入学的沈韫芬是中科院院士、原生动物学专家。1950年毕业的孙家馨成为我国著名的花腔女高音歌唱家。

沈祖棻、曾昭燏、游寿：金大三才女

一

在20世纪30年代的中央大学、金陵大学，有三位才女都拜在一位名师手下。这位名师就是我国著名的国学大师胡小石教授，他是集文字学家、文学家、史学家、书法家、金石学家、艺术家于一身的大家。而三位才女分别是沈祖棻、曾昭燏、游寿。

沈祖棻是优秀的女词人、评论家、诗词研究学者。

曾昭燏是我国第一位女考古学家、博物馆学家。

金陵大学校园

游寿是著名的考古学家、古文字学家、书法家。

这三位才女的成长都与南京有着十分密切的关系。可以说，没有在南京的学习经历，没有名师的指导，也难以成其为大家。三位才女年龄差不多大，沈祖棻与曾昭燏是同龄人，都出生于1909年，游寿是1906年出生，比沈祖棻、曾昭燏大3岁。

这三人还有其他的共同点——

三人都出身书香世家，自小都接受过严格的国学文化熏陶。

沈祖棻的曾祖父沈炳垣是清咸丰内阁大学士、咸丰皇帝的老师。祖父沈守谦精于书法，与画家吴昌硕、词人朱孝臧为友。

曾昭燏的曾祖父是曾国藩的大弟弟曾国潢。祖父曾纪梁，秀才出身。父亲曾广祚，曾任江苏候补道。曾昭燏6岁就入“曾氏家塾”读书。14岁进入堂姐办的长沙艺芳女校学习。

而游寿的高祖游光绎为乾隆进士，翰林院编修。父游学诚曾为福宁府中学堂监督，一生致力于教学事业，为文教界名儒。受过良好家教的游寿15岁考入福州女子师范学校。

曾昭燏1929年考入中央大学外文系，游寿1928年考入中央大学中文系，沈祖棻先是在中央大学上海商学院读书，1931年转入中央大学中文系。1934年，三人都上了金陵大学国学研究班，成为胡小石的学生。

20世纪三四十年代，以南京的中央大学、金陵大学为代表的金陵学派，汇聚了胡小石、陈中凡、汪辟疆等一批国学大师。尤其是胡小石，辞赋、诗歌、词曲、小说、戏剧，无所不通，尤以古文字学、书学、楚辞、杜诗、文学史研究最为精到。在这样一个氛围下读书、研究，有一流大师的指导，加上自小就有很好的国学功底，三位才女如鱼得水，学业日益精进。日后，三位才女都成了大师级人物。

三人在同学时还建立了深厚的感情。

曾昭燏1929年考入中央大学外文系后，认识了游寿。游寿对曾昭燏说，你转到国文系吧，跟胡小石先生学文字学，再学一点文献、考古、文物，这样前途广阔。当时胡小石正在讲授甲骨文及金文课程，曾昭燏就来旁听。胡小石知道后，让她誊写一份声韵表及说文双声字例，意在测试她的旧学功底。曾昭燏出色完成了任务。胡小石很满意，曾昭燏很快便转到了国文系。

由于同出师门，三位才女还与中央大学同学尉素秋、章伯璠、徐品玉、杭淑娟、张丕环、胡元度、龙芷芳等一起在校内六朝松下的“梅庵”结成词社——“梅社”。一帮爱好文学的青年男女经常在玄武湖、鸡鸣寺、扫叶楼等地雅集唱和。他们的老师胡小石教授有时也加入其中。曾昭燏曾在《忆胡小石师》一文中这样回忆：

“逢春秋佳日，常邀弟子二三人出游，余多随侍。相与攀牛首，登栖霞，探石头城之故迹，揽莫愁湖之胜景。尝于夏日荷花开时，天才微明，即往玄武湖，载一叶扁舟，破迷茫之晨雾，摇入荷花深处，轻风拂面，幽香沁人，以为斯乐南面不易。又尝于樱花盛开之际，游孝陵及梅花山，坐花下高吟唐人绝句，音调清越，回荡于林木间，其雅怀高致可见矣。”

古都南京名胜古迹众多，很适合文人登临怀古。透过曾昭燏的回忆，我们可以想见，当年在南京求学的沈祖棻、曾昭燏、游寿是多么的快乐！

二

沈祖棻（1909—1977年），字子苾，别号紫曼，笔名绛燕、苏珂，浙江海盐人，生长在苏州，早在中学时代就开始发表小说、散文，还写过新诗，很早就表现出非同一般的才情，被人们誉为“江南才女”。

1930年，沈祖棻考入中央大学上海商学院（现上海财经大学），1931年转学至南京中央大学文学院中文系学习。

1932年，文学院院长汪东教授词选课，沈祖棻写了一首《浣溪沙》：“芳草年年记胜游，江山依旧豁吟眸。鼓鼙声里思悠悠。三月莺花谁作赋？一天风絮独登楼，有斜阳处有春愁。”汪东教授大为赞赏。因为末句写得好，大家给她取了一个雅号叫“沈斜阳”。

沈祖棻

1934年，沈祖棻考入金陵大学国学研究班。她不仅对古典文学感兴趣，而且喜欢文学创作。1935年，她的小说《辩才禅师》发表，被认为是“充满诗意的感情和笔调”的佳作。1936年春，又发表了小说《悬崖上的家》，也广受称颂。毕业后，沈祖棻在教书之余，坚持写诗填词。她和小她4岁的同学程千帆相爱。1937年9月，南京遭到侵华日军的狂轰滥炸，沈祖棻和程千帆避难至安徽屯溪，在屯溪匆促完婚。自1942年至日本投降，沈祖棻先后在金陵大学、华西大学讲授诗词。1942年，沈祖棻在成都金陵大学开词选课时物色了5位有颇有才华的学生，组织成立了正声诗词社，她还把学生中写得好的诗词结

沈祖棻（左一）、程千帆（右一）与女儿合影

集成《风雨同声集》出版。1946年底，沈祖棻结束9年的离乱生活，回到武昌与丈夫团聚。1949年，她的个人词集《涉江词》结集出版，受到一致好评。1956年，沈祖棻到武汉大学任教。

沈祖棻有“当代李清照”美誉。其丈夫程千帆教授是我国著名的古典文学专家。在研究界，合称“程沈”，曾被师友赞为“昔时赵李今程沈”。

很不幸的是，1977年，沈祖棻遭遇车祸，在武汉离世，享年68岁。

沈祖棻去世后，程千帆精心整理沈祖棻的遗作，先后出版了《涉江诗稿》《涉江词稿》《宋词赏析》《唐人七绝诗浅释》《沈祖棻创作选集》《沈祖棻诗词集》。

三

曾昭燏年轻时照片

曾昭燏（1909—1964年），湖南省双峰县荷叶镇万宜堂人。1933年中央大学中文系毕业后，又进入金陵大学国学研究班，拜胡小石为师。1935年她自费去英国伦敦大学，学习考古专业。1937年，完成毕业论文《中国古代铜器铭文与花纹》，受到英国专家的肯定。1938年2月5日，曾昭燏被聘为英国伦敦大学助教。可是，她一心想回国发展考古事业，无心留在英国。在傅斯年的推荐下，她回到了昆明，担任从南京内迁的“中央博物院筹备处”的专门设计委员，后任中央博物院总干事。

在中央博物院工作期间，曾昭燏利用自己的学识，参加了云南大理、洱海以及四川彭山江口一带崖墓的考古发掘工作。

抗战胜利后，曾昭燏随中央博物院返回南京，参加了战时文物清

曾昭燏在考古（左二）

理委员会、战区文物保存委员会、敌伪文物统一分配委员会的工作，成为“联合国博物馆协会”9个中国委员之一。1948年底，一些人准备将中央博物院的珍贵文物装运去台湾。曾昭燏站出来坚决反对，她致函博物院主任杭立武：“运出文物，在途中或到台后万一有所损失，则主持此事者，永为民族罪人！院保管文物已七八年，对于诸物有浓厚之感情，知有各种危险，岂可缄然？”1949年4月，她又联同吴有训、陶孟和等人，联名上书国民党政府，在他们的坚持下，三批已经运到台湾的852箱珍贵文物，最后又运回了大陆。

新中国成立后，中央博物院于1950年正式改名为南京博物院。曾昭燏被任命为副院长，1954年9月升为院长。她主持了两次重要的考古发掘工作。一次是1950年南唐二陵的发掘，另一次是1954年的山东省沂南汉代画像石墓的发掘。南唐二陵发掘工作结束后，她主持编写了《南唐二陵》专著，此书至今仍是研究南唐历史最重要的学术著作之一。

在上世纪五六十年代，曾昭燏和夏鼐被公认是中国考古学界的顶级学者，当时就有“南曾北夏”之赞。

50年代后期，她的三哥、著名的化学家曾昭抡被打成“右派”。此时的她心情压抑，患上了严重的神经衰弱症，住进了医院。1964年12月22日，刚出院不久的曾昭燏从南京郊外的灵谷塔上跳下，结束了生命，享年55岁。

1974年，离曾昭燏跳塔自杀已经过去十年，当年的老同学沈祖棻写诗怀念：

湖边携手诗成诵，座上论心酒满觞。
肠断当年灵谷寺，崔巍孤塔对残阳。

四

年轻时的游寿

游寿（1906—1994年），出生于福建霞浦县，字介眉、戒微。1920年考入福州女子师范学校，1028年入南京中央大学文学系，1932年，游寿从中央大学毕业后，回到福建集美师范学校任教。她和谢冰莹、谢文炳、方玮德等几位文学青年创办了《灯塔》。

1934年，她考入金陵大学国学研究生班，入胡小石门下。就在这一年，她与陈幻云结婚。当时，陈幻云在江西临川地方法院任首席检察官。后来，游寿又回到福建省立一中、重庆国立女子师范学院任教。

此时，曾昭燏就任中央博物院代理总干事，因人手不足，曾昭燏推荐了游寿。1942年10月游寿来到了李庄中央博物院，一年后，调到中央研究院历史语言研究所，担任善本书库管理员，这时的游寿改名游戒微。在这里，游寿与所长傅斯年发生矛盾，一年后，便离开了。

1946年，游寿回到南京，在恩师胡小石推荐下，担任中央图书馆任金石部主任。此间发表了《唐人卜葬邙洛之风尚》《梁守谦墓志与唐代宦官》《晋黄淳墓表跋》《金文武功文献考辑》等研究成果，受到学界的关注。1947年，游寿又转入中央大学中文系任副教授。

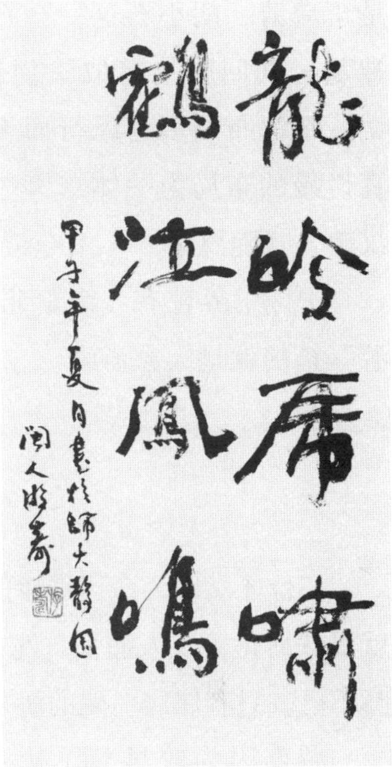

游寿作品

1949年后，中央大学并入南京大学。1951年游寿随夫陈幻云调入山东会计专科学校，继而入山东师范学院任副教授。

1957年“反右”运动结束后，她主动要求调到哈尔滨师范学院工作。在这所学校，她主讲考古学、古文字学、先秦文学和书法艺术等。1970年，游寿曾到黑龙江省五常县农村插队落户，饱受艰辛，两年后才得以返回哈尔滨。

晚年游寿在书写

这期间，发生过这样一件事情，周恩来总理问时任国家文物局局长王冶秋：国内能读甲骨文有几人？王冶秋说，不足十人。游寿就是其中之一。据说有关部门有意要用她。她自己也非常希望能回到更高的平台去做出贡献，不知何故最终没有结果。

游寿在甲骨、金文方面用功尤深，

是李瑞清、胡小石这一金石学派的重要继承人。她深得汉隶、魏碑的神髓，其回腕执笔取法何绍基。擅大篆、隶书、魏碑，取法商周金文，章法布局多为纵行而无横行，各行中字数不定，融金石涩笔与天真烂漫的布局为一体，大气磅礴。游寿对书论也很有研究，著有《论汉碑》《随感录》《书苑镂锦》等。

中国书界曾有“南萧北游”之说，“南萧”指的是南京的萧娴，“北游”指的就是大家游寿。

五

三位才女中，命运最惨的要算曾昭燏。她在生命的盛年（年仅55岁）就戛然而止，令人痛惜。沈祖棻1977年6月27日因为车祸去世，也让人唏嘘不已。只有屈居一隅的游寿终得天年，1994年辞世，享年88岁。

游寿因为较早到了边远城市，远离政治中心，对于她的人生来说，亦是大幸事。虽然偏远了一些，但能够继续做她的研究，并且也有不少成果。假如能有更好的环境、平台，游寿的成就也许会更大。这又是她的不幸。

南京一别后，沈祖棻和游寿就没有再见过面。

20世纪70年代，远在北方的游寿给沈祖棻寄去一封信，写道：“初冬小恙高烧，梦子苾来访不遇，唯见案上留诗。余出门追之，倦极而醒，乃一梦也。成此诗，数月寄与：又见冰花满窗棂，数尽飞鸿入北溟。唯有故人深入梦，留诗案上意叮咛。”游寿做梦都梦见她和沈祖棻相聚谈诗，读来让人感动。沈祖棻接到信后一口气写下《得介眉塞外书，奉寄》共10首：

其一

秦淮春水绿迢迢，流尽华年旧梦遥。
欲说江南当日事，老来残魄不禁销。

其二

小楼深巷卖花迟，二月江南万柳丝。
寂寞空山春雨夜，那堪重忆对床时。

沈祖棻还在诗歌中回忆了她们在一起做的“恶作剧”：“犹忆春风旧讲堂，穹庐雅谑意飞扬。南雍尊宿今何在，弟子天涯鬓亦苍。”这首诗在怀念她们共同的老师，意思是说，当年课堂上的先生如今在哪里呢？昔日的弟子们已是鬓染秋霜，浪迹天涯海角。诗中所写的那位先生叫王晓湘，是一位博古通今的学者，上世纪30年代初曾在中央大学任教。他满腹经纶，可是讷于言辞。他讲授乐府通论，其中讲到《敕勒歌》。淘气的游寿当即模仿《敕勒歌》作诗一首：“中山院，层楼高。四壁如笼，鸟鹊难逃。心慌慌，意茫茫，抬头又见王晓湘。”众同学一时纷纷传咏。

沈祖棻在另一首诗中还提到一个“恶作剧”：“少年好弄惯操觚，共把风情戏老儒。见说尖酸到文字，独怜结习未能无。”游寿和沈祖棻还一起“戏弄”过当时已名扬海内外的吴宓教授。吴宓集教育家、诗人、学者于一身，当时正在追求自己夫人陈心一的同学毛彦文。当毛彦文嫁给熊希龄后，吴宓十分苦闷。游寿与沈祖棻便假托毛彦文之名给吴宓寄去书信，并附以诗篇，表达出怜才之意。吴宓信以为真，喜出望外。沈祖棻诗中的前两句，说的就是这件事。

游寿在看到沈祖棻的诗后，曾写诗和道：

南苑文坛感慨多，龙蟠虎踞自嵯峨。
飞来绛燕呢喃语，怕听平湖有苍波。

回想昔日同窗的趣事，一切仿佛就发生在昨天，怎能不令人感慨万分？沈祖棻与游寿后来还是没有机会见上一面。

南高师“八朵金花”

进入晚清，西风东渐，女子接受教育的风气开始涌动。少数开明、富有的家庭，开始让女子接受现代意义上的教育。当时，在南京的西方传教士最先开设了女子学堂，招收女生。1884年（清光绪十年），美国基督教美北长老会在南京城西四根杆子（今莫愁路419号）创立了一所新式教会学校——明德女子书院。这便是明德女子中学的前身。1887年5月，美国传教士沙德纳女士从芜湖带着6名幼女来到南京，在干河沿量地建屋初创学校，建立了汇文女子学堂，后来改名为汇文女子中学。中华民国建立后，南京已经有了几所女子中学，但公立大学仍然不招女生。到了1919年，南京高等师范学校宣布招收女生。

南京高等师范学校的前身是两江师范学堂，1915年8月11日正式对外

南高师首批招收的8名女大学生

招生。此时，一个叫郭秉文的留美博士来到了学校，担任代理校长。郭秉文1908年考入美国俄亥俄州乌斯特学院，三年后毕业，随后到哥伦比亚大学教育研究生院攻读教育学，当时的实验主义教育大师杜威就在这里任教。1914年，郭秉文获得博士学位。1919年9月1日，国民政府教育部正式委任郭秉文为校长，陶行知担任教务主任。陶行知也是一位美国归来的留学生。金陵大学毕业后，陶行知先是在美国伊利诺伊大学学习市政，半年后便转学哥伦比亚大学，师从杜威、孟禄等美国教育家学习教育学。他和郭秉文可以说是师出同门。

陶行知提议："南高师宜首破禁区，融通办理，以遂女子向学之志愿。"校长郭秉文、学监主任刘伯明以及陆志韦、杨杏佛等教授都表示赞成。陶行知的提议最终获得通过，学校遂决定自1920年暑期开始招收女生。这个决定立即引起了轩然大波。包括老校长江谦、开明人士张謇都不赞成招女生，说男女同学在一个地方学习会出大乱子。在1919年12月7日的校务会议上，陶行知慷慨陈词："中国女子高等教育最不发达，女子几无上进之路；大学不许男女同学，更是毫无道理。"陶行知的观点，博得部分管理者的认同。校长郭秉文开始着手实施招收女生的计划。为了分散攻击者的注意力，南高师校长郭秉文和北京大学校长蔡元培一起商定，南北两校同时招收女生。可是到了1920年的夏天，北京大学因故没有实现招收女学生的计划，南高师决定按原计划实施，向社会公开招收女生。

布告发布后，前来报名的受过中等教育的女子一共有100多人。经过严格考试，正式录取8名女生，还招收了50余位旁听生。

首批8位女生分别是：李今英、陈梅保、黄淑班、曹美恩、吴淑贞、韩明夷、倪亮、张佩英。

接下来，郭秉文、陶行知不得不面对一个新问题，如何管理男女同学的校园？学校规定男女同学不能谈恋爱，不能交往，男生不能到女生宿舍去，女生有个会客室，只能在会客室里见面，有时间限制，而且不能关门，女生晚上七点半必须回到宿舍，女生不能够去游行，女生没有

南京高等师范学校

什么事不能随便到男生宿舍去。为防止出意外，学校还在女生宿舍配备了女舍监。

8个女子能成为我国公学的首批女大学生，她们实在是太幸运了。在当时，即便是官宦富商之家，他们的子女也很难有机会上大学。首批毕业生张佩英在《我成为中国首届男女同校女生之追忆》一文中写到，4岁时伴同兄长就读于邻家的门馆私塾，读的是《女儿经》《女孝经》等课本，而3年后，兄和弟都被送入新小学，“而我则留家习女红”。正因为如此，张佩英给自己的人生总结了“三幸”：“我的一生是幸运的……八十年前在普通旧式家庭成长的女孩子，居然能进教会学校求学，是一幸也；1919年五四运动，我能亲身参加，接受许多新思想，认识许多进步人士，二幸也；后来能进入国立大学求学，而且成为我们第一批进入国立大学的女生，且因男女同学，相互竞争，特别勤奋，为妇女争先，立志做一个不平凡的平凡教师，终身矢志不渝，三幸也。”

这8个女生大学四年毕业后，大多从事教育业。有的到了国外，李今英后来到美国去任教，曹美恩赴美留学。更多的留在中国：陈梅保到了香港任教；黄淑班抗战期间随丈夫回贵阳任教；吴淑贞去了台湾；韩明夷毕业后任苏州女师副校长，后来陈鹤琴先生聘她在上海任工部局女中校长，再后来去香港，最后因飞机失事遇难；倪亮到香港任教；张佩英也终身任教，直至从上海南洋模范中学退休。

李今英后来和南高师英文系主任梅光迪结婚。她在题为《中国第一所男女同校大学里的爱情之花》的文章中回忆了当年在校时的往事。法学院的一位男生曾给8个女生中的一位写情书，谁知情书却落在了女舍监手里。李今英调侃道，这位“冷酷的老处女”认为保护同校男女的纯洁是其职责，不仅责骂男生不轨，还公开了情书，男生困窘至极，被迫离开了学校。李今英回忆到，严格的监管没有压制住爱情之花的盛开。后来三对同学喜结连理。黄淑班与同学王克仁结婚，王克仁曾任贵阳师范学院院长；吴淑贞与同班同学胡照祖结婚，胡照祖是胡适的侄子，曾任北京社会局局长；倪亮与同学吴俊升结婚，吴俊升后来成为一位著名的教育学家。

女生与男生同堂听课，一起活动，使校园里平添许多生气和乐趣。曾任国务总理的熊希龄来校参观后，大为感慨，不禁赞道：“男女同校，令粗犷之男生，渐次文质彬彬；令文弱之女生，渐呈阳刚之气，颇有意义。”

后来，南高师招收的女生数逐年增加，到了第三年增加到了12位，1923年扩大到73位。

南高师首开“女禁”的影响是巨大的。1920年10月，国民政府在江苏召开全国教育会议第六次会议，会上《促进男女同学以推广女子教育案》得以通过。从此，国内公、私立大学纷纷开放“女禁”。1922年政府颁布的“壬戌学制”，则正式明确了女子有享受高等教育的权利。

首开“女禁”，出现在南京，不是偶然的。早在清代，袁枚就在随园招收女弟子。1913年，教会已经在南京创办了金陵女子大学。当时的南高师集聚了郭秉文、陶行知、孟宪承、陆志韦、陈鹤琴、郑晓沧等一批从欧美归来的教育家，他们的国际视野以及先进的教育理念，助推了“女禁”的打破，可以说，在中国妇女解放运动中他们功莫大焉。

时隔40余年，1962年南京大学60周年校庆时，中国科学院副院长竺可桢校友回忆起当年的情景，还以此为荣：“东南学府，为国之光。男女同校，惟此首创。外御强敌，内抑豺狼。天下有道，黉舍乃昌。”

李今英：梅李之恋

在南京高等师范学校首次招收的“八朵金花”中，有一位来自广东的才女，叫李今英。她是“八朵金花”中的佼佼者。读书期间，她和南京高等师范学校西洋文学系主任、“学衡派”的创始人梅光迪相爱，这场“师生恋”曾经轰动校园。

李今英祖籍广东石岐南门，1901年出生于美国加州。7岁随家人返回中山，先在石岐读小学，后入县立女子中学，在校最后一年兼任该校初中及两间教会学校的教员，同年参加全省中学统考，名列第一。毕业后被聘为广东省女子职业学校校长。1920年，适逢南京高等师范学校首开女禁招收女生，她考入南京高等师范学校西洋文学系，成为南高师“八朵金花”之一。在该校任教的西洋文学教授吴宓对这位学生曾有这样的回忆：“李今英尽管面有微麻，却气质高雅，才识

李今英全家照，右二为李今英

俱佳。”

此时，担任西洋文学系主任是从美国留学归来的梅光迪。梅光迪是安徽宣城人。5岁开始在父亲教导下读“四书五经”，天资聪慧，过目成诵。12岁应童子试，中秀才，被乡人视为神童。1907年肄业于安徽高等学堂。后来在上海复旦公学读书。1910年，与胡适等同赴北京，参加第二届庚子赔款留美考试，不中。次年，考取第三届庚子赔款官费生，同年赴美入威斯康星大学，之后在西北大学、哈佛大学专攻文学。1920年回国任南开大学英文系主任，后又应南京高等师范学校副校长刘伯明邀请，来到该校任教。1921年，在南京高等师范学校基础上，成立国立东南大学，梅光迪担任学校西洋文学系主任。

早在国外，梅光迪、吴宓等留学生就对胡适等人否定传统文化很是不满。梅光迪和胡适本是同乡，关系甚好，原以兄弟相称，常在信中讨论学问。但当胡适提出“要须作诗如作文”观点后，两人产生分歧。胡适回国后，与陈独秀、鲁迅等人以《新青年》为阵地，扯起“新文化运动”“文学革命”大旗，声名大噪。梅光迪、吴宓、胡先骕等留学生很不以为然。梅光迪任教东大后便约请胡先骕、吴宓等到学

李今英与梅光迪在上海结婚

校任教。他们和原先就在东大任教的柳诒徵、萧纯棉等人一起创办了《学衡》杂志。

很有意思的是，梅光迪是新文化运动的反对派，在思想方法和文化观念上与胡适为敌。但他却是自由恋爱、自由婚姻的最积极的实践者。他革了旧式包办婚姻的命，与自己的女学生李今英恋爱了。

梅光迪在赴美留学前已在父母包办下结了婚，原配王葆爱是与他家西梅村相邻的南陵县溪滩乡王村人，人很贤惠。当梅光迪从美国回到南京任教时，将夫人接来同住。但王葆爱习惯了乡间生活，对都市生活及文化人圈子难以适应，便借故返归故里，还对梅光迪说，你可另娶一位有文化、人品好的志趣相投者。接受了西洋文化教育的梅光迪对这份感情越来越不满意，不知从何时开始喜欢上了自己的学生李今英。

梅光迪与学生李今英的“师生恋”一时间在校内外成了大新闻。作为首任西洋文学系主任，梅光迪公私难辨，授人以柄。这事被一些反对势力当作攻击他的“炮弹”。1923年，梅光迪、吴宓等人的支持者、东南大学副校长刘伯明突然病逝，学校随即宣布裁并西洋文学系。梅光迪只好再赴美国讲学。

爱情的种子继续在发芽。李今英从东大毕业后任教于香港圣保罗女校，一年后受聘在福建私立集美学校任教。父亲去世后，她回到了家乡，应聘担任中山县立女子师范学校校长。1927年，梅光迪又回到南京担任中央大学代理文学院院长。就在这年，梅光迪与任中山师范校长的李今英在上海结为伉俪。结婚后，李今英改名梅李今英。此后，虽因战乱时有分离，梅、李感情甚好。结婚后，李今英又赴美国哈佛等大学攻读教育及世界妇女课程，1932年获硕士学位。1936年李今英随梅光迪到浙江大学任教，梅光迪任浙江大学文理学院副院长兼外国文学系主任，李今英担任文学院教授，她还撰写了专著《英语教学法》。

1945年，梅光迪在贵阳因病去世。李今英十分悲痛，深情地写下悼文《哭迪生》："呜呼迪生!抗战终结，胜利来临，而子竟不克享太平之福乎？日夕筹划迁校回杭，而子竟不得参与乎？子所厌倦僻远之贵州，而竟以为长居之所乎？命之所招乎？天之所定乎？抑人生之颠倒刺讽乎？"一连串的发问，表达了她无以言表的悲怆之情。她还写道："子为人，不偏不苟，不爱钱，不慕誉，不轻动笔，不急出版，故生平落落，著作不多。而国内外各杂志之论文，均在战时散失，未完之书稿，又在杭州被焚。"李今英对于丈夫刚正不阿、磊落做人的品质褒赞有加。

1949年，李今英受聘澳门岭南学校，后任澳门南中国大学教授。后来，一直在美国定居。她参与《大英百科全书》"中国和日本"部分章节的撰写工作，还写了一本回忆录《山高水长——李今英回忆录》。退休后编辑出版了《梅光迪文录》《梅光迪先生家书集》。

梅光迪与王葆爱育有一子梅燮和。由于受到父亲牵连，梅燮和1957年被打成"右派"。

李今英与梅光迪生有三女一子，子女都在美国定居。70年代，梅燮和写信给浙大校长刘丹，托其寻找在海外的亲属，李今英得以与梅光迪在大陆的直系亲属取得联系。1982年，李今英的长女梅仪慈与梅燮和这对同父异母兄妹在上海会面。不久，梅燮和因病去世。

梅光迪反对白话文学，也拒绝写白话文。可是日后他的女儿梅仪慈作为在美国大学执教的汉学家，却以研究中国白话新文学作为志业，研究对象是现代女作家丁玲。

毛彦文：吴宓的苦爱

毛彦文

民国的不凡女子，大多数都有故事，比如毛彦文。

与毛彦文有瓜葛的三个男人是朱君毅、吴宓、熊希龄。朱君毅，名气小一些，而吴宓和熊希龄的名气很大。

吴宓早年留学美国，与陈寅恪、汤用彤并称“哈佛三杰”，是我国现代著名西洋文学家、国学大师、诗人。他曾在国立东南大学文学院担任教授，是“学衡派”的主要创立者。他一生苦苦追求毛彦文，遗憾的是没有结果。

熊希龄出生于湖南湘西凤凰县，和沈从文是老乡，是著名的教育家、社会活动家、实业家和慈善家。1913年当选民国第一任民选总理，由于反对袁世凯复辟帝制，被迫辞职。熊希龄后来致力于慈善和教育事业，创办了著名的香山慈幼院。让当时很多人没有想到的是，熊希龄成了毛彦文的丈夫。

朱君毅是毛彦文舅舅的儿子，也是她的初恋情人。朱君毅是哥伦比亚大学的教育学博士，曾在国立东南大学、清华大学、北京大学、北京师范大学、厦门大学、之江大学等多所大学担任教授。尽管他的名气不大，但也不是庸碌之辈。

毛彦文与南京发生关联，就是因为这个朱君毅。毛彦文在南京大概生活了4年时间。

吴宓

毛彦文（1898—1999年），小名月仙，英文名海伦，浙江省江山市须江镇沙埂人，1898年阴历十一月一日出生于浙江省江山县城一个乡绅之家，7岁入家塾启蒙。辛亥革命后就读于江山西河女校，1913年被保送入杭州女子师范。1916年入浙江吴兴湖郡女校，4年后毕业，报考南京高等师范学校，但因教会学校背景，遭到拒绝。她又以浙江省第一名考入北京女子高等师范学校英文系，与苏雪林、冯沅君同学。

在毛彦文八九岁时，父亲将她许配给生意场上的友人方耀堂的儿子方国栋。在毛彦文进入杭州女师时，方家不放心，决意提前迎娶。暑假，父亲软硬兼施，迫毛彦文就范。毛彦文就是不从，决心与父亲抗到底。方家迎娶的花轿到了城门口，家中已开始大宴宾客，母亲怕闹出人命，乘父亲酒后小睡的片刻，帮助毛彦文逃之夭夭。

毛彦文最喜欢的是亲表兄朱君毅。

毛彦文幼时是在外祖母家度过的，与表兄朱毅君同睡一张床。朱君毅1910年考取北京清华学堂留美预备生。在毛彦文的眼中，朱君毅是“世界上唯一的伟大人物”。表兄妹之间渐渐产生了感情，很快正式订了婚。1916年秋，朱君毅赴美国留学，两人海誓山盟，书信不断。那时毛彦文在江山教书，每月24块大洋，大半寄给了朱君毅。

朱君毅先是获得霍普金斯大学教育系学士学位，继而进入哥伦比亚大学研究所，专攻教育心理学与教育统计学。1922年夏，获得哥伦比亚大学哲学博士学位后回国。毛彦文到上海接船，还筹措了300块替朱君毅还债。归国后，朱君毅受聘于东南大学，毛彦文在北京女高师尚未毕业，为了能照顾朱君毅，毛彦文转学到了金陵女子大学，主修教育、社会学。初时两人假日同游金陵名胜，感情十分融洽。一年冬天，朱君毅发烧住院，毛彦文白天上课，晚上陪床，奔走于学校与医院之间，当了一个月的看护。毛彦文因此在东南大学博得了“贤惠”的美名。可不久后，朱君毅变心了。1923年5月，毛彦文突然收到朱君毅一纸“退婚书”，朱以“感情不和”“近亲不能结婚”为由要求解除婚约。实则，朱君毅已移情别恋，爱上了南京汇文中学一女中学生。这对毛彦文打击很大。此后两人虽近在咫尺，但形同路人。到了1924年，由当时的教育界名流张伯苓、陈衡哲、王伯秋、陈鹤琴、吴宓等作证，为他们解除了婚约。此后毛彦文与朱君毅一直没有再见过面。

毛彦文1925年自南京金陵女子大学毕业后，先是任教于南京江苏省第一中学。1927年，她到了杭州，在浙江省民政厅任职。1929年应《浙江民报》经理胡义芬之聘，任《浙江民报》主笔，主持评论。

与朱君毅分手后十年间，对毛彦文追求最热烈者、最痴迷者当数吴宓。

吴宓是朱君毅的清华同学，同桌6年，情同手足。毛彦文写给朱君毅的情书，朱君毅经常拿出来让吴宓分享。吴宓对他们的恋情十分艳羡。清华毕业后，吴宓与朱君毅两人一起赴美深造。

当时，他俩还有一位清华留美同学叫陈烈勋。陈的妹妹陈心一毕业于杭州女师，常在报刊上读吴宓的诗文，对吴宓十分心仪。陈烈勋便帮妹妹做媒。吴宓与陈心一从未谋面，想先托人考察一下，便找到朱君毅。1918年，毛彦文接到朱君毅的美国来信，称受友人吴宓之托，请她到杭州代吴宓相亲。

毛彦文欣然受命，于暑假赴杭州拜访了陈心一。毛彦文以实情相告：“陈女士系一旧式女子，做贤妻良母最为合适。皮肤稍黑，性情似很温柔，倘吴宓想娶一名能治家的贤内助，陈小姐似很适当；如果吴君想娶善交际会英语的时髦女子，则应另行选择。”没想到吴宓看中了陈心一，1921年两人结婚，定居南京并育三女。

5年后，当毛彦文与朱君毅分手后，吴宓与陈心一感情也出了问题。毛彦文对此坚决反对，说："吴应对此负完全责任。如果说他们是错误的结合，这个错误是吴宓一手造成的。"吴宓与陈心一拖至1929年才离异。离婚后，吴宓开始追求毛彦文。

毛彦文与熊希龄

吴宓给毛彦文起名海伦，他为海伦写了大量的情诗。其中有一首写道："吴宓苦爱毛彦文，三洲人士共惊闻。离婚不畏圣贤讥，金钱名誉何足云。"吴宓竟然将这首诗公开发表了，学界很多人看到，一时成为不少人茶余饭后的八卦新闻。

吴宓的追求，并没有打动毛彦文的心。1929年，毛彦文赴美留学，其间，吴宓还到了美国，可她还是不为所动。毛彦文获得硕士学位后，于1931年回国。

早在1916年，毛彦文在吴兴湖郡女校读书时，有一个女同学叫朱曦，是前总理熊希龄夫人朱其慧的内侄女。毛彦文品学兼优，朱其慧对她赞不绝口，认定她是出类拔萃之人。朱其慧再三嘱咐朱曦要多向毛彦文求教。毛彦文见朱其慧平易近人，也有心接近，便与熊府发生往来。1922年，毛彦文转学于南京金陵女子大学，碰巧熊希龄的长女熊芷也在这个班。毛彦文因此与熊府来往更加密切。1931年8月，毛彦文在熊芷的陪同下，到北京参观了熊希龄创办的北京香山慈幼院。

夫人朱其慧去世后，熊希龄心情一直不好，也无心于自己的事业。到了1934年，在朱曦和熊芷的策划下，熊希龄向毛彦文开始求爱。毛彦文一开始坚决拒绝。但在熊希龄的不懈追求下，毛彦文最终还是同意了。1935年2月9日，熊希龄与毛彦文在上海举办婚礼。《申报》以《慕尔堂中熊希龄续谱求凰曲》为题进行了报道："前国务总理熊希龄氏，现年66岁，悼亡四载，昨日下午三时，借慕尔堂与毛彦文女士行婚礼。毛女士为留美女学生，任大学教授，芳龄三十有八，红颜白发，韵事流传，沪上闻人咸往道贺，汽车塞途，极一时之盛。”沪上名人黄郛、李石曾、吴铁城、章士钊、杜月笙和梅兰芳等到场祝贺。袁同礼、陈立三、胡适之、任鸿隽、陈衡哲等知名人士发去了贺电。毛彦文对熊希龄只提了一个要求，必须剃去他蓄留了20年的胡须，熊希龄欣然听命。

两个年龄悬殊的人结合，自然惹得世人议论。熊希龄十分坦然，他说："新娘本叫我老伯的，这回我向她求婚，她还以辈分不同为推托，我们的结合，完全为事业。”老夫少妻的生活是幸福的。毛彦文在晚年回忆时说："（我们）整天厮守在一起，秉要是没有看见我，便要呼唤，非要我在他身旁不可，终日缱绻不腻，彼此有说不完的话，此种浓情蜜意少年夫妻亦不过如此。”

1937年12月25日熊希龄猝逝于香港。这段婚姻维持不到3年。熊希龄去世后，毛彦文继承其遗志，继任香山慈幼院院长，长年在桂林、柳州、芷江等地拓展慈善事业，造福良多。日本投降，毛彦文决定复办因抗战而停办的香山慈幼院。她成立了基金会，聘请好友、燕京大学教授雷洁琼任理事长。经过她的努力，慈幼院终又恢复到抗战前的风光，有千人的规模。

熊希龄去世后，吴宓仍在继续追求毛彦文。毛彦文在自传《往事》中认为，吴宓是单方面的追求，她是无动于衷的。她写道："吴是一位文人学者，心地善良，为人拘谨，有正义感，有浓厚的书生气质而兼有几分浪漫气息。”对于吴宓的追求，她一直不愿意多说。

毛彦文1949年到了台湾，重执教鞭，生活低调。她的身体一直不好，视网膜脱落，又患乳癌，先后动过5次大手术，但一直坚持工作，直至1976年退休。1999年10月3日，毛彦文去世，享年102岁。

就在她去世的那年6月，现代文学研究者、南京大学教授沈卫威曾到台湾拜访过毛彦文。当问到吴宓时，这位百岁老人连说“无聊”。是老人不愿意提及，还是岁月已经模糊了曾经的记忆？已经无从知晓了。

方令孺：一轮清幽的“新月”

年轻时的方令孺

有一晚我乘着微茫的星光，
我一个人走上了惯熟的山道。
泉水依然细细的在石上交抱，
白露沾透了我的草履轻裳。

这首风格清丽的诗的作者是一位大家闺秀。她和林徽因被人们称为“新月派”的两才女。

她是桐城派大家方苞的曾孙女，曾在美国华盛顿州立大学、威斯康星大学留过学。上个世纪30年代，她还与胡适、徐志摩、闻一多、吴宓、陈梦家、方玮德、梁实秋、丁玲、靳以、孙寒冰等一批文学家有过交往。

她叫方令孺。

与林徽因相比，她的名气不够大。一是她的作品不多，只留下了20多首诗、20多篇散文。二是她身上没有太多的故事，即便有，也在故事刚刚开始就已经结束了。林徽因还找到了一位志同道合的丈夫，而方令孺的一生是孤独的、凄婉的。“她像一缕浮云，随着秋风浮沉。更像神林里的枭鸟，只爱对着幽暗默祷。”这是她写的诗句，倒像是她本人的写照。

方令孺（1896—1976年）出生于安徽桐城的一个诗礼官宦之家。

祖父方宗诚是桐城派作家方东树的族弟及学生，曾在曾国藩幕府中任过职，后任直隶枣强县县官。父亲方守敬是书法家、诗人，自命清高，一生未仕。方守敬有四子五女，长子方时晋，是新月派著名诗人方玮德之父；三子方时乔，现代著名文艺理论家；四女就是方令孺，排行第九，被子侄辈称为“九姑”。另外，现代著名诗人、美学家宗白华是方令孺的外甥。由此可见，方门可是一个文化大族。

方令孺7岁丧母，父亲带着8个儿女从省城安庆迁回偏僻的桐城隐居，亲自教子女读书。这给方令孺打下了坚实的国学基础。家庭经济不宽裕，靠伯父分给的田产为生，父亲不得不经常外出借债。在5个姐妹中只有方令孺没有裹脚。在她很小的时候，伯父做主将她许配给了银行家陈卓甫之子陈平甫。1916年，方令孺嫁到了陈家。陈家籍贯安徽，后来在南京开银行，拥有很多家产。陈家大院坐落在南京的娃娃桥。后来与方令孺有过交集的人回忆，陈家大院非常气派。

丁玲在她的回忆录里，对方令孺的家有过这样描写：“她住在侧院的三间大厅，后边是院子，前边是小花园。绕过她的厅子，还可以进入她家的一个更大的花园，只是那个园门不是常打开的。”（《魍魉世界》）方令孺的内侄舒芜则有过更为细致的描写：“陈家的住宅是南京有名的大公馆，地点在娃娃桥。那时在南京雇黄包车，只要说‘娃娃桥陈家’，车夫几乎没有人不知道。陈家的公馆大约赶不上《红楼梦》里面的贾府，可也差不多了，大院套小院，重重叠叠。九姑的婆婆有点像贾母，下面的小辈，一房一个小院。我姑母偏住的那个院子，同样很大，有花园，有暖房，什么都有。”（《舒芜口述自传》）婆家很富有，但是方令孺与丈夫的感情很糟糕，婚姻很不幸福。方令孺后来说：“阶级虽同，但彼此轻视，生活、习惯、思想又彼此矛盾。”

1923年，丈夫要去美国读书，方令孺把两岁的女儿放在孩子的祖母家，自己带着一个8岁的女儿，随丈夫到了美国。她也进入华盛顿州立大学读书。留学生活为她打开了一个全新的世界。她开始结识一些思想开明的留学生，其中一位叫孙寒冰的同学很同情她的遭遇，介绍她读易卜生的《娜娜》。这本书对她触动很大。1927年，方令孺带着两个孩子离开丈夫，到威斯康星大学攻读文学艺术。

1929年，丈夫带着两个孩子回国，方令孺留下继续学习，但因思念女儿，不久也回国了。回国后，夫妻间的矛盾激化，两人开始分居。丈夫在上海又娶了一房，并生了子女。这时候的方令孺独自带着女儿在南京生活，十分寂寞。

1930年春天，方令孺的生活发生了重要变化。此时恰逢国立青岛大学成立，由清华大学教授邓叔存介绍，方令孺到了青岛大学中文系任讲师，教一年级国文，讲授《昭明文选》和《大学国文》。当时，在国内大学任教的女教师还是不多的。

这年的暑假，方令孺从青岛回到南京。一天，正在中央大学外文系读书的方玮德领来了一位叫陈梦家的年轻诗人。方玮德是方家一位很有才气的后起之秀。在中央大学外文系读书时，这位少年才俊已经在《新月》《文艺》《诗刊》等刊物发表诗歌，受到闻一多、徐志摩的赞赏。在中央大学法律系读书的陈梦家也爱好诗歌，两人便成了很好的诗友。这位长相清纯、才华横溢的青年学生的到来，对方令孺影响巨大。方令孺说："从一群矫情虚伪的大人那里脱开，在玄武湖上沉浸在美丽的黄昏中，听极葱茏的youth对语，我的青春那得不回光返照！"（1930年5月6日《新月》）。后来，方令孺和陈梦家通了很多信，两人一起探讨人生、文学，结下了深厚的友谊。就在这时候，通过方玮德的介绍，方令孺还认识了闻一多、徐志摩、吴宓、徐悲鸿等文艺界人士，他们常常到方家来做客，一起谈文论诗。

到青岛工作时，方令孺已经33岁，是三个孩子的母亲，她把两个女儿放在孩子的奶奶家，自己带着一个女儿，住进了专门为单身女教职工安排的宿舍楼。与方令孺同住在这栋楼里的还有两个图书管理员：张兆和与李云鹤。张兆和在接受了沈从文的漫长追求后，来到了青岛。李云鹤则是在教务长赵太侔的介绍下来校工作的，她还在中文系旁听。后来，她改名蓝苹，再后来改名江青。

闻一多

初来青岛，人地生疏，婚姻的挫折又无法释怀。梁实秋说她“相当孤独，除了极少数谈得来的朋友以外，不喜与人来往。她经常一袭黑色的旗袍，不施脂粉。她斗室独居，或是一个人在外面彳亍而行的时候，永远是带着一缕淡淡的哀愁……不愿谈及家事，谈起桐城方氏，她便脸色绯红，令人再也谈不下去”（《方令孺其人》）。为了帮助她摆脱孤独，在青岛大学当教授的一帮文人就拉她去喝酒。梁实秋回忆，当时在杨振声的提倡下，每个周末，“我们一行人至少有一次要聚饮于顺兴楼或厚德福”。其中，杨振声、赵太侔、闻一多、陈季超、刘康甫、邓仲存和梁实秋属于“好饮者”。但是,因为只有七个人，再加一位就成“八仙”了，后来，经闻一多提议，大家把孤独的方令孺邀请进了这个“小圈子”，由此凑成了“酒中八仙”。“于是猜拳行令，觥筹交错，乐此不疲者凡二年。其实方令孺不善饮，微醺辄面红耳赤，知不胜酒，我们也不勉强她。”

那段日子是方令孺最快乐的时光。恰巧侄子方玮德同陈梦家都是闻一多的学生，1931年也来青岛，这就更热闹了。方玮德称方令孺“九姑”，陈梦家自然也这样称呼，连青岛大学的同仁们也都称她“九姑”。受到身边诗人的影响，方令孺也开始了诗歌创作。在此期间，方令孺同闻一多、陈梦家谈起，在《新月》杂志外，应该办一个可发表诗歌的刊物。这个提议引起了大家的兴趣。陈梦家为此去了上海，向徐志摩谈起了方令孺的建议，徐志摩很赞成，立即开始筹办。就这样，新月派的代表性刊物——《诗刊》诞生了。

方令孺在青岛大约待了两年时间。1932年离开青岛，先是到北京姐姐家养病。后来又回到南京。

在青岛工作期间，方令孺的感情生活发生了波澜。

第一次感情波澜发生在方令孺与陈梦家之间。与陈梦家的交往始于南京。方令孺的二女儿肖文后来回忆说，1930年夏天某日，母亲从青岛大学回南京度暑假，大表哥方玮德带了他的朋友陈梦家来她们家，陈梦家身穿深蓝色的大褂，穿着比大表哥朴素一些，个子比大表哥矮一点。她说，母亲非常欣赏大表哥和陈梦家的才华，喜欢和他们在一起谈诗论文。这时，大家都忘了年龄，谁得了好诗，其他人一定会大加赞赏。

那一年，陈梦家才20岁，当时正处于爱情的纠葛中，方令孺正好成了陈梦家倾诉青春烦恼的对象。在交往中，方令孺其实扮演了一位大姐姐的角色。他们一起去南京的名胜古迹探幽访胜，谈人生谈文艺。在不能见面的时候，就以写信的形式来倾诉彼此的所见所感，表达对生活和人生的理解。陈梦家向这位大姐姐诉说着内心的痛楚与烦恼，而大姐姐则悉心开导，两人沉浸在美好的友谊当中。他们之间1930年5月到8月的通信，其实就是优美的散文。陈梦家取了一个富有诗意的文题：《你披了文黛的衣裳还能同彼得飞》，发表在1930年12月《新月》杂志第3卷第3号。文黛和彼得是英国作家詹姆斯·巴里的童话《彼得·潘》中的人物，彼得是一个不愿长大也永不长大的孩子，他给小姑娘文黛和她的两个弟弟身上撒了魔粉，一起飞到了虚无岛，共同过着奇妙精彩的生活。他对方令孺说，你披了文黛的衣裳还能同彼得飞，文黛自然是指方令孺，彼得是陈梦家自指。方令孺从中选择了部分信件以《信》为书名结集出版。方令孺说："今年初夏，在玄武湖上看见你同玮德，都像春花一般的盛开在金色的黄昏中微笑，现在又常常从空中飘来你洁白的馨香的片语，我又静默了，又怕一出声这种愉快消失，聪明的小朋友，你能理会？""生活是一件极平凡的事，玮德说我虽披了文黛的衣裳还能同彼得一齐飞，我听了有些伤感。我想，我只好比那鲛人的珊瑚湖上的永无鸟立在她堕落的巢上在湖中漂泊。你同玮德正在飞呢；尤其是你，那样充满生命的力！”……方令孺这些温润的言语，给小弟弟带去前所未有的温暖。陈梦家对方令孺似乎渐渐生发出一种依恋感，他什么想法都告诉方令孺。在陈梦家的心里，宽厚的九姑正如一位小母亲，关心和体贴着他，给他慰藉。陈梦家几乎爱上了

陈梦家

这位大姐姐。他在一首名为《供》的诗中说：“我低低念着小小的情诗香烟吐出的圈围着了你。”但他也明白方令孺的想法，在她眼里只是把他当弟弟看待。他在《铁路上》的诗中写道：“你，我，一样的方向因了两条铁轨走……停了步，我凝望你：‘永不碰着的相近！’”方令孺也写了一首诗，发表在《新月诗选》中。她写道：“爱，只把我当一块石头，不要再献给我：百合花的温柔，香火的热，长河一道的泪流。”其实，这是方令孺的内心表白。她希望他们的交往是纯净的，她愿意守着一份静穆，把炽烈的爱轻轻按下。

陈梦家与方令孺的频繁交往大概持续了两三年时间。后来，陈梦家入燕京大学宗教学院读研究生，深得院长赵紫宸先生的赏识，并与其女儿赵萝蕤结为伉俪。他从一个新月诗人转变为一名学者，后来在甲骨文、青铜器、竹简等方面的研究取得了卓越的成就。

方令孺另一段感情涟漪发生在她与闻一多之间。方令孺在青岛大学教书期间，闻一多担任中文系主任，他对这位温婉的女诗人关爱有加。“酒中八仙”虽然时常聚会，但都是闻一多拉着方令孺去。梁实秋说：“一多在这个时候自己感情上吹起了一点涟漪。”沈从文曾给徐志摩写信，在讲到方令孺时说：“方令孺星期二离开此地，这时或已见及

你。她这次恐怕不好意思再回青岛来，因为其中也有些女人照例的悲剧……她人是很好的，很洒脱爽直的，也有点女人统统不可避免的毛病，就是生活没有什么定见。还有使她吃亏处，就是有些只合年轻妙龄女人所许可的幻想，她还不放下这个她不大相宜的一份。在此有些痛苦，就全是那么生活不合体裁得来的。”那句“有些只合年轻妙龄女人所许可的幻想，她还不放下这个她不大相宜的一份”，指出了方令孺内心的悸动。后来，闻一多自己平静了这“涟漪”，将妻小接到了青岛居住。所以梁实秋说：“情形并不太严重，因为在情感刚刚生出一个蓓蕾的时候，就把它掐死了。但是在内心里当然有一番折腾。”

方令孺在南京期间还与软禁在南京的著名作家丁玲之间有过密切的交往，那是在方令孺从青岛大学回到南京后发生的事情。

1933年5月，丁玲在上海被捕，接着被绑架到南京，她的行动受到限制。1934年9月，丁玲在南京生下女儿祖慧。10月中旬，她出院后搬到中山大街向东拐的一条小街的一幢小楼上居住。一天方令孺来访，丁玲后来回忆道：“她那时不到四十岁，长得很好看。她的眼睛由于甲状腺肿大，动过手术，显得稍稍有点突出。但她的那种温柔大方却使我很注意。她的身后站着一位十五六岁的俊俏少女，乃是她的大女儿陈庆纹。她谦虚地自我介绍道：‘我叫方令孺，是特别来看你的。我不是国民党，也不是共产党。我非常同情你的遭遇，我很喜欢读你的小说。我想你在这里一定太寂寞，我能为你分点忧愁吗？有什么事我能帮助你吗？’”（《魍魅魍魉》）

处于监视中的丁玲，对于一切陌生人都持着怀疑的态度，这初次的见面，她对方令孺并没有什么好感。此后，每隔一两个月，方令孺便去看望丁玲，两人从不谈政治，而是聊文学、聊琐事、聊当时文坛的情况。方令孺还向丁玲袒露心曲，说她的婚姻不幸。丁玲防备的心理慢慢解除了。两人的交往变得密切起来。后来，丁玲生病，方令孺给了她很周到的关心，让丁玲很感动。

中年方令孺

1936年，当丁玲与党组织取得联系后，她把方令孺家作为她与党通信的地点。两个孤独的女人，在那个特殊的环境里，结下了深厚的情谊。那年春天，方令孺与丁玲还一起到了滁州琅琊山旅游。方令孺写下《琅琊山游记》一文，记录了这次难忘的春游。丁玲到延安之后，抗战之初，毛泽东对丁玲说他缺少一部《昭明文选》，丁玲便问方令孺要这部书，方令孺买来书寄给了丁玲。

直到抗日战争爆发前，方令孺一直生活在南京。她对南京是有感情的。1934年7月的《学文》发表了方令孺的诗《月夜在鸡鸣寺》：

这一面被时间磨亮的窗槛，
是无边的银灰色——月光照着海岸：
溪谷泛滥了，直向远山的膝前激荡。
我看见它涌伏在那遥远的高树巅，
在春来新发的枝条上。
我稳靠着窗沿，晕晕的望着
月光的波涛展开，向更远的山冈。
我向下看，水这样深，波这样阔，
忽然悬在佛堂的长明灯爆出一闪光，
提醒我这古城的明丽，
我冲下去，不再惊惶。
月光推倒我又扶起——
这甜蜜的，忍心的月光！
我觉得自己沉浸在宇宙的大海里，

与极美的黑夜同在。
但是，我虽舍身给这超绝的欢狂，
有一件惨痛的心思在捉弄我：
我伸开我的双臂，
现出这永不得完成的渴望！
对这平静的，窥不透的
银灰色的月光，它冲过了溪谷，
直向远山的膝前激荡。

方令孺在诗中表达了现实与理想之间的冲突、绝望与希望之间的对立，但她没有放弃对自由、美好的渴望，因为“冲过了溪谷”的渴望，一直在心中激荡。

抗日战争爆发后，方令孺到了重庆。1939年至1942年任重庆北碚国立编译馆编审。1943年后在复旦大学中文系任教授。1949年后被选为上海市妇联副主席。1958年至“文革”前，任浙江省文联主席。

在“文革”中，方令孺受到冲击。1976年9月30日，方令孺病逝，享年80岁。十一届三中全会后，她得到了平反。

方令孺最早的散文集《信》1945年由文化生活出版社出版。1982年，上海文艺出版社出版了《方令孺散文选集》。

丁玲：昨日文小姐，今日武将军

丁玲

她是现代文学史上一位红色作家。

她的《太阳照在桑干河上》《莎菲女士的日记》都是大学中文系学生必读的书目。

她是左翼作家胡也频的妻子。后来嫁给了比她小13岁的陈明，在当时可谓是惊世骇俗之举。

她的一生大起大落。

她叫丁玲。

她与南京有过3年的交集。29岁那年，她被国民党特务逮捕，与当时的丈夫冯达一起被软禁在南京，3年后才得以逃离。

正是这段经历，让她在不同的历史阶段接受了6次审查。因此，南京对她来说，有着极不平凡的记忆。

丁玲（1904—1986年），原名蒋伟，字冰之，又名蒋炜、蒋玮、丁冰之，笔名彬芷、从喧等，湖南临澧人。1918年，丁玲就读于桃源第二女子师范学校预科；1919年，转入长沙周南女子中学，后入岳云中学就读。1922年，丁玲到了上海，在陈独秀、李达等创办的平民女子学校学习。在长沙等地求学时，她受到五四运动思潮的影响。1923年，丁玲经瞿秋白等介绍，进入中国共产党创办的上海大学中国文学系学习，第二年又到北京大学旁听文学课程。丁玲酷爱文学写作，她的处女作《梦珂》发表于1923年底的《小说月报》。在北京，她结识

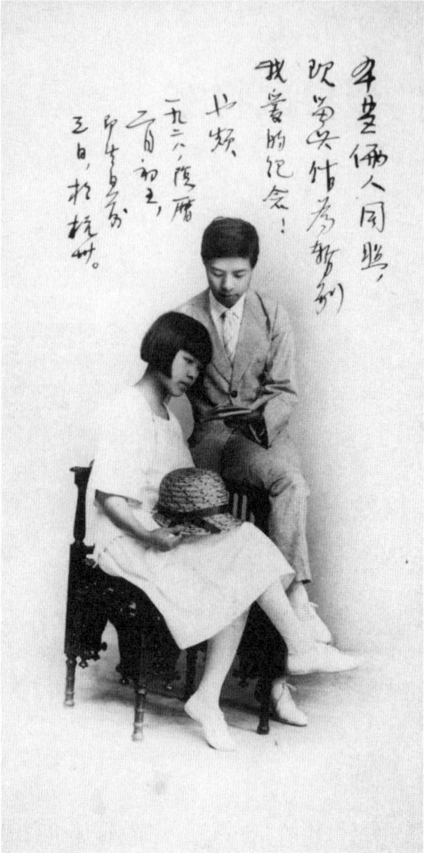
丁玲与胡也频的合影

了文学青年、编辑胡也频。两人互生情愫。1925年，两人结婚，生有一子。

1928年，丁玲完成代表作《莎菲女士的日记》，在文坛引起反响。之后，丁玲与胡也频、沈从文在上海合办《红黑》杂志。在胡也频的影响下，丁玲参加了中国左翼作家联盟。1931年，胡也频被国民党杀害，丁玲悲痛欲绝。

美国记者史沫特莱要采访丁玲，冯达做翻译。丁玲因此与冯达相识。他常去看望丁玲，有时陪丁玲出去走走，看朋友、买东西，陪伴身心疲惫的丁玲度过难熬的日子。1931年11月，他们同居了。1933年5月14日，丁玲在上海家中被国民党特务秘密绑架。据她在晚年回忆录《魍魉世界——南京囚居回忆》中所述，被捕经过是这样的：

5月13日晚，在中共江苏省委《真话报》工作的冯达9点多才回到家。他去看望两个《真话报》通讯员，在窗下喊了两声无人回答，却看见屋子里灯光摇晃，并有杂乱的脚步声，冯达急忙转身离开，回到家用钥匙开门时，看见马路对面影影绰绰有一个人。他告诉丁玲，他们的住所可能被特务盯上了。

5月14日，丁玲要去正风学院参加文艺小组会议，冯达要去看那两个通讯员。早晨两人离家时约定，中午12点之前一定回家，到时如一人未回，另一人要立即离开。丁玲11点半回到家，未见冯达，正收拾东西准备离开，《真话报》总编辑潘梓年来找冯达，就在这时楼梯上响起一阵杂乱的脚步声，门砰地被推开，上海市公安局督察员马绍武等三人闯入屋内。丁玲和潘梓年同时被捕了。

5月17日，上海《大美晚报》登载《丁玲女士失踪》消息，接着上海、天津、北平一些报刊相继报道，此事迅速成为社会热点。蔡元培、杨杏佛、胡愈之等38人联名向南京国民政府行政院长、司法部长发出营救丁、潘的电报，吁请从宽处理。6月10日，文化界成立“丁潘营救会”，并发表《文化界为营救丁潘宣言》。6月19日，中国左翼作家联盟发表《为丁潘被捕反对国民党白色恐怖宣言》称：“现在丁玲，或许已被埋葬在国民党刽子手们经营的秘密墓地中。”鲁迅也一直密切关注丁玲被捕事件，并写下《悼丁君》。在此期间，中国民权保障同盟主席宋庆龄致电行政院长汪精卫要求援救，巴比塞、罗曼·罗兰等国际友人也发起声援，对国民党当局施压。

被捕次日，丁玲、冯达被秘密解往南京。先在“一个完全中国旧式的比较高级的旅馆”住了一天，然后换到一个稍差些的旅馆，这是“狭长的一条院子”，有两三排平房，只有丁玲、冯达和三个看守。6月，又将丁玲与冯达移送到一个姓王的特务家中。王家的院子很大，有很多房子。10月，丁玲被押去莫干山，年底又带回南京，住在特务曹功锦家。国民党特务这样做的目的无非是想掩盖逮捕丁玲的事实。

据丁玲回忆，在南京期间，国民党先后派出多人对她劝降，都被她拒绝了。1935年春天，丁玲和冯达又来到南京苜蓿园的一个小村庄里居住。她在回忆中说：“苜蓿园像荒村里的一座草庵，我奄奄一息地蛰居在这里，似乎应该打扫尘心，安心等待末日的到来，然而我心里整日翻腾，夜不能寐。在春雨绵绵的时候，在夏蝉喧噪的炎日，我常常伫立在屋檐下，仰望云天，辗转思谋，下一步棋该怎样走呢？”

在南京期间，她结识了另一位知识女性——方令孺。丁玲回忆说，正当自己的“心境像掉进了枯井那样幽暗与悲伤”，有一天方令

丁玲在延安

孺女士来访。丁玲一开始还以为她是国民党派来的说客，后来在交往中才打消了顾虑。方令孺经常造访丁玲，两人一起谈论文学。丁玲也曾到过方令孺家拜访，并把方家作为和共产党通信联系的地点。丁玲在回忆录中对方令孺称赞有加，说她是“一个诚实大方的人”，“一个有非常美丽灵魂的人”。

1936年9月，丁玲在朋友的帮助下，逃往北京。当年11月，丁玲到达陕北保安，成为到达中央苏区的第一位知名作家，受到毛泽东、周恩来的欢迎。丁玲的到来，给陕甘宁抗日根据地原本力量薄弱的文艺运动增添了新鲜的血液。毛泽东对这位从监狱出来投奔革命的女作家，表现出十分友好的态度，于当年12月填写了《临江仙·给丁玲同志》：

壁上红旗飘落照，西风漫卷孤城。保安人物一时新。洞中开宴会，招待出牢人。　　纤笔一枝谁与似？三千毛瑟精兵，阵图开向陇山东。昨天文小姐，今日武将军！

“昨日文小姐，今日武将军”，这是毛泽东对丁玲的期许。后来，丁玲人生道路十分坎坷。20世纪50年代中后期，丁玲两次遭受政治运动的干扰，被下放到黑龙江垦区劳动12年。她在这期间创作了中短篇小说《杜晚香》。70年代前半期丁玲又被关进监狱。粉碎“四人帮”后，丁玲的冤案得到了平反。1984年，中共中央组织部颁发《关于为丁玲同志恢复名誉的通知》，肯定她是“一个对党对革命忠实的共产党员”。

晚年丁玲

丁玲在晚年写出了《魍魉世界》《风雪人间》等100万字的作品，创办并主编《中国》文学杂志。1986年3月，丁玲在北京多福巷家中逝世，享年82岁。

蓝妮："苗王公主"

蓝妮泳装照

作为孙中山的儿媳妇，蓝妮一度十分引人注目。

蓝妮（1912—1996年），原名蓝业珍，曾用名蓝巽宜，祖籍云南建水，苗族，生于澳门。后蓝家迁居广州，蓝妮7岁时全家又到上海居住。蓝妮11岁到13岁时曾在南京读书，后来又到上海智仁勇女子中学读高中。蓝妮高鼻深目，长得美丽，聪明伶俐，眼睛瞳孔的颜色还有些湛蓝，人称"苗王公主"。

蓝妮的祖父蓝和光，是前清光绪末年的举人，曾任广东香山县知事。蓝和光有三子：长子蓝剑俊，次子蓝建勋，三子蓝继勋。1900年前后，蓝家前往湖南、广东、浙江及澳门等地经商、办厂搞实业。蓝妮父亲蓝剑俊是孙中山先生共和思想的追随者，早年曾经参加同盟会，追随黄兴从事反清革命，在黄兴部下任参谋长，后赴英国剑桥大学读书。蓝剑俊后来没有加入孙中山先生领导的革命阵营，而和北洋军阀拉上了关系，曾任江苏无锡的税务局长。母亲方淑贞也是名门闺秀，写得一手好字。蓝妮自小受到良好的文化熏陶。

1926年，蓝妮父亲蓝剑俊与好友陈保初一同外出，途中遭歹徒袭击，好友当即中弹毙命。目睹友人被打死，蓝剑俊深受刺激，回到家就精神失常了，从此丧失了工作能力，只得在家长期休养。蓝家的生活从此陷入困境。

当时蓝家住在上海襄阳南路，在这条路上还住着时为南京政府财务部常务次长李调生。看到蓝家有一位美丽的女儿，李家便到蓝家来提亲，想让蓝妮嫁给李调生的次子李定国。李家还承诺，如果蓝家应承了这门婚事，可以每月给蓝家津贴100元。当时才17岁的蓝妮，考虑到家境的困难，面对无助又可怜的父母，只好答应了婚事。1929年，18岁的蓝妮嫁给了李定国。

李定国，苏州东吴大学法律系肄业，后来又毕业于上海法政大学。李定国外貌也很俊美，喜好京剧，能唱上几段。论年龄，他比蓝妮大两岁，从外表看两人很般配，但结婚后两人的感情并不和谐。

李家是官僚人家，府中规矩极多，李家老辈人总是以为李家出钱帮助蓝家解困，蓝家理应对李家感恩戴德，并不将蓝妮平等看待。甚至佣人也不把蓝妮放在眼里。李定国虽然风流倜傥，但胸无大志，每天无所事事，终日待在家中，吃喝享乐。两人没有多少共同语言。

1934年，不到23岁的蓝妮已经为李家生下了三个孩子。越来越不能忍受的蓝妮决定与李定国离婚。李家也只好同意。李定国虽为财政部次长之子，对蓝妮却十分刻薄，甚至未付出任何赡养费用。蓝妮离开李家后，与一帮女同学交往，不时出席社会交际活动。天生漂亮的蓝妮一时间成了著名的交际花。

1935年暮春的一天，蓝妮接到同学陆英的电话，邀请她到家参加晚宴。就在这次家庭宴会上，她认识了时任国民政府立法院院长的孙科。

孙科是孙中山的独子，早年留学于美国加利福尼亚州立大学、哥伦比亚研究院，获得硕士学位，曾经担任交通部长、建设部长、财政部长、铁道部长、考试院副院长等要职，时任立法院院长。1912年孙科出国留学时，就与表妹陈淑英在檀香山成亲。南京国民政府成立后，由于南京湿热难熬，陈淑英因水土不服生病，便返回澳门养病。

这时他们已经有了儿子孙治平、孙治强，女儿孙穗英、孙穗华。而此时，孙科已经与一个叫严蔼娟的浙江女子同居了三年多。

蓝妮与孙科

蓝妮不仅长相较好，而且英文也说得好。自从见到蓝妮后，孙科已完全被她的美貌所倾倒。孙科随即邀请她到南京担任自己的私人秘书，蓝妮答应了。蓝妮担任秘书不久，孙科决定娶蓝妮为二夫人。结婚那天，孙科请了立法院的同事，一共摆了4桌酒席。孙科给蓝妮写了一张字据："我只有元配夫人陈氏与二夫人蓝氏二位太太，此外决无第三人，特此立证，交蓝巽宜二太太收执。"

尽管孙科在南京有多处公馆，但他还在鼓楼新村13号为蓝妮建造了一座西式别墅，这座别墅占地900多平方米，如今还保存完好。他们在这里生活了两年多时间。

1938年8月6日，蓝妮在上海法租界生下女儿，孙科为之起名孙穗芬。抗战时因国民政府迁往重庆，蓝妮将女儿托付娘家照看，追随孙科到了重庆。而此时孙科夫人陈淑英也来到重庆，蓝妮决定回上海照料自己的女儿和家人。在上海，凭着自己的人脉关系，蓝妮开始涉足地产业。她看中了法租界复兴西路的一块地皮，便向上海当时的地产大王之一杨润身求助。在杨润身的帮助下，蓝妮买下了地皮，并请建筑师设计建造了7幢房屋。蓝妮给它们取了一个优雅的名字：玫瑰别墅。玫瑰别墅各种设施堪称一流，市价暴涨。钱是赚到了，但日后被人抓了把柄。抗战胜利后，戴笠将蓝妮投入狱中，孙科全力营救，她才得以出狱。

1948年，国民党召开"行宪国大"，副总统的选举成为各派系争夺的焦点。孙科对有职无权的副总统不感兴趣，只想着他的立法院院长位置，但作为孙中山独子，同时又与广东方面渊源极深，所以蒋介石极力鼓动孙科参选。李宗仁是孙科竞选副总统的主要对手。然而，就在副总统第一轮竞选的节骨眼儿上，发生了所谓的“蓝妮事件”，使孙科在选举中大受影响。在第一轮选举中，孙科就落在李宗仁之后。4月23日国民大会举行全体会议，正式投票，当天的《救国日报》头版头条刊登一篇报道，大致内容是说抗战胜利后，国民党的中央信托局在上海没收了蓝妮的一批德国进口的高级建筑涂料，作为敌伪财产处理。孙科致函国民大会秘书长洪兰友，说这批涂料为“敝眷”蓝妮所有，要求发还。洪兰友就写信给中央信托局局长吴任沧，说蓝妮是孙院长的夫人，要吴看在孙院长的面上，将涂料归还。为确保李宗仁能够顺利当选，桂系将这件旧事重提，由李宗仁的主要助手黄绍竑亲自捉刀，将“敝眷蓝妮”一事写成文章，刊登在《救国日报》上。

面对政敌利用《救国日报》所做的动作，孙科为自己的颜面和政治前途着想，一面否认写那封信，一面与蓝妮撇清关系，这一下激怒了生性倔强的蓝妮，二人由此彻底分手。

1949年4月，蓝妮离开上海前往香港。后来，她又随女儿一家在泰国生活了4年。1962年，蓝妮又随女儿一家移居美国，母女俩加入了美国籍。

1982年秋，蓝妮母女应邀回到北京，受到邓颖超的热情接待。当年的10月1日，蓝妮母女应邀出席了国庆大典。

1986年，孙中山先生诞辰120周年之际，邓颖超向蓝妮发出邀请，请她和女儿孙穗芬回国参加纪念活动，同时请她回国居住。后来，蓝妮一直住在上海。1996年9月28日去世，享年85岁。

蓝妮和李定国所生的三个儿女，后来都定居海外。长子李振亚1932年10月5日生，获美国加州大学病理科硕士，1966年创立美国证

晚年的蓝妮

券投资公司；次女李萱1931年9月24日生于上海，1950年赴美求学，入美国籍；三女李华，1950年自中国香港赴美求学，后入澳大利亚籍；李振亚生有儿子李威、李杰，女李蒙，李蒙嫁给了毕业于耶鲁大学法学院的骆家辉。骆家辉曾是美国首位华裔州长，还曾担任过美国驻华大使。算起来，李蒙是蓝妮的孙女。令人遗憾的是，李蒙与骆家辉已于2015年离婚。

秦淮歌女：歌尽桃花扇底风

杜牧的那首《泊秦淮》诗太有名了：

烟笼寒水月笼沙，夜泊秦淮近酒家。
商女不知亡国恨，隔江犹唱《后庭花》。

从唐朝开始，秦淮歌女似乎给人们留下了不好的印象。

自古以来，秦淮河就是一条女人河，一条流淌着胭脂的河。到了明清时代，随着秦淮河两岸的繁荣，以“秦淮八艳”为代表的秦淮青楼女子给人们留下了深刻的印象。“秦淮八艳”，色艺俱佳。就艺来说，琴棋书画，一般都能来几下。有的戏唱得很不错。为了生存，她们必须得有吸引男人的资本。到了清末民国，情况不一样了，秦淮河

秦淮歌女在演唱

畔出现了一些只卖艺不卖身的女子。她们的歌唱得好，成了娱乐场所的主角。这些女子叫秦淮歌女。

秦淮歌女一般都出现在戏茶厅。

戏茶厅清末民初出现在秦淮河畔。南京人又称之为戏茶园或清唱社。国民政府定都南京后，南京成为政治、经济、文化的中心，自然吸引了八方人士。官绅商贾云集秦淮河畔，这样使得秦淮河畔热闹起来，娱乐消费需求迅速增长。这时候夫子庙周围布满了戏茶厅。1927年前后，秦淮河畔比较有名的戏茶厅就有群乐、月宫、全安、中华、永安、天香阁、飞龙阁、麟凤阁、四明楼、天韵楼、鸣凤、奎光阁、新世界、新奇芳阁、德星聚、义顺、得月台、六朝居等。

当时的秦淮河畔熙熙攘攘，人头攒动，大众娱乐业空前繁荣。一些顶尖级的艺术家都来到秦淮河畔，有的在戏茶厅演出，有的在戏院演出，各显神通。比如四大名旦梅兰芳、程砚秋、荀慧生、尚小云以

民国时期的秦淮河与夫子庙

及孙菊仙、马连良、言菊朋、金少山、俞振飞等名角都在南京秦淮河畔演出过。秦淮歌女有的拜这些艺术大家为师，有的经常去观看大师的演出，耳濡目染，成长很快。

秦淮河畔戏茶厅的内部比较简单，一般戏台呈方形，三面临空，文武场或歌女清唱都在戏台上表演。台下除放置坐椅外，还有供摆设水果点心、吃茶抽烟的方桌，前往戏茶厅的人只要花上二角钱的茶资就能在厅中就座。一般的戏茶厅有一两百个座位。也有大一些的戏茶厅，比如贡院街上的麟凤阁可容纳400人。中华戏茶厅拥有500个座位，算是很大的了。每个戏茶厅都有驻唱的歌手。歌手是清一色的女子，以清唱为主，操乐器伴奏的是其父亲或师父。这些清唱的女子多数会反串，以演唱京剧为主，兼唱其他地方戏曲，或表演评书曲艺。当时经南京市政府社会局公布批准的夫子庙戏茶厅歌女有232名。

凡要进入戏茶厅的人，在门口是无须买入场券的，进去之后即有茶房招呼入座，泡茶续水，还有手捧托盘的茶房卖些瓜子、花生之类的零食，往来于茶桌之间。待到人都坐定、戏已开场后，茶房才来收费。当付过钱后，茶房或将茶碗的托盘撤去，或将茶碗的碗盖收走，以示其茶资已付。戏茶厅一般晚上七点开锣，到十一点才散场。

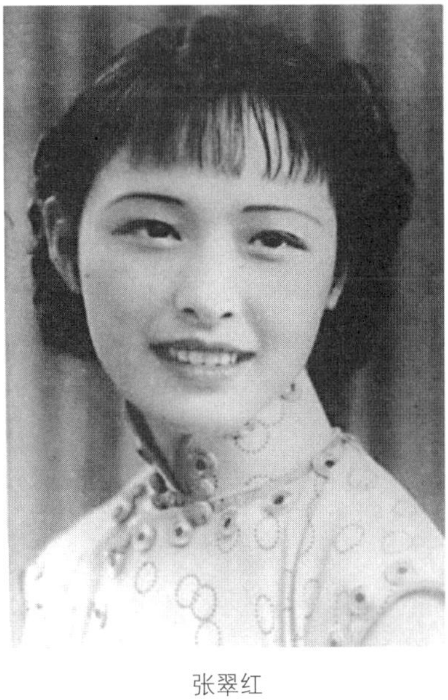
张翠红

当年这些戏茶厅的门口都树立大门牌，上面写着主要演员和戏目，有的还用霓虹灯勾勒出主要演员的姓名。当年的秦淮歌女中，不乏出类拔萃者，如骆玉笙、严凤英、王玉蓉、张翠红、王熙春、王熙云、小黑姑娘、钟三、丁美玉、高云楼、张少楼、李蔷华、李薇华都是当时的名角，她们当中有的日后成

王熙春

为艺术大家，比如严凤英、骆玉笙、王玉蓉等。

提起张翠红，30年代秦淮河畔无人不知，她与曹剑佩、陈怡红、王熙春被称为“四小名旦”。据说她是苏州人，十三四岁来南京，被一姓张的人家收养，习清唱，专擅梅派青衣。20年代末，她与私立南京文化学院中文系一名学生肖君相识。肖君一直追求张翠红。后来，这个肖君不幸染上伤寒病去世。再后来张翠红被湖北省政府主席杨永泰的秘书长赵某以重金置为侧室。1937年张翠红进入艺华影片公司，成了一名古装片明星，主演了《女财神》《秦香莲》《王宝钏》等影片。

董莲枝当时也很有名。提起“梨花大鼓”，现在的南京人大多不甚了解。梨花大鼓即山东大鼓。在民国时期，这一民间艺术风靡南京数十年。至抗战前夕，几乎所有梨花大鼓界的名家都来南京亮过相。其中，绰号“盖山东”的董莲枝名声很大。她驻南京戏茶厅演唱十多年，上座率始终不衰。

董莲枝是山东济南人，自幼师承山东大鼓名家姬素英，后经其父指导，自成一家。13岁开始在济南卖唱，先后到过开封、天津、上海、汉口等地，声名渐起。1923年，19岁的董莲枝来到南京，先后在秦淮河畔的新奇芳阁、六朝居、大世界等戏茶厅演唱。她的嗓音清亮，唱腔婉转缠绵，娓娓动听。她在吐字方面去掉了浓浊的土音，保留了清澈的北方韵味，不侉不嗲，雅俗共赏。过去，山东大鼓大多是唱《三国》《水浒》之类的英雄故事，而董莲枝特别擅长演唱悲剧故事，代表作有《剑阁闻铃》《潇湘夜雨》等。董莲枝的演唱还吸引了一些在南京大学里的学者名流前来观赏。音乐家杨仲子在听过她的演唱后感叹说，如果董莲枝生在西欧，则早已成了享誉世界的著名声乐家或者歌剧主演了。经胡小石、宗白华介绍，黄侃、吴梅、徐悲鸿等也都成了董莲枝的忠实听众，经常去观看她的演出。一次，适逢场外大雨，胡小石听完董莲枝演出后作诗一首："四座无声弦语微，酒痕护梦驻春衣。年年花落听歌夜，雨歇灯残不肯归。"抗战时，胡小石在重庆意外遇见董莲枝，作诗《赠董娘》："听汝秦淮碧，听汝汉水秋，听汝巴山雨，四座尽白头。"当时经常到戏茶厅观看演唱的还有苏曼殊、冼星海、张恨水、张慧剑等知名文人。

董莲枝在秦淮河畔火了十多年。1935年，她应聘去汉口游乐场献艺，离宁时，把《剑阁闻铃》的唱本送给了京韵大鼓艺人骆玉笙。几年后，《剑阁闻铃》成了骆派饮誉曲坛的代表作。抗战爆发后，董莲枝又去了重庆，后来在昆明定居。

富贵花，原名富淑媛，富贵花是她的艺名。她自小生在北京，随父学艺。抗战胜利后，她和父亲山药蛋（富少舫）来到南京，在秦淮书场摆场演出。富贵花天生丽质，装束雅洁，台风文静，语调沉着。开场白十分从容，三弦一响，她立敲鼓箭，奔腾的气势随即而来。她的父亲山药蛋以滑稽大鼓在秦淮河畔独挑大梁，后来业务逐渐冷下去。山药蛋别出心裁在父女俩演唱京韵大鼓外，加演一段对口相声。他在书场门口贴出"山药蛋富贵花加演对口相声"的告示牌，一下子吸引很多观众。女儿上台反串相声，可以说是破天荒。富贵花任逗角儿，父亲捧角儿，开幕铃声一响，富贵花开始侃侃而谈："说相声讲究的是说、学、逗、唱。有人说，唱大鼓的只能唱大鼓，别的玩意儿都不会，可是我偏要打破这个框框儿，非得唱一段歌曲不可。"父亲山药蛋插话道："我就不相信，你还能唱歌曲！"富贵花说："您听着——"接着，唱起了《天涯歌女》。山药蛋抢着说："哎呀，果然是周璇的《马路天使》中的《天涯歌女》"。接着，马连良的《借东风》、麒麟童的《四进士》、金少山的《霸王别姬》、李多奎的《断太后》、程砚秋的《锁麟囊》，一

小黑姑娘

折一折地唱下去。这种创新的形式博得了满堂彩。

在秦淮书场，还有一位叫小黑姑娘的演员，在奎光阁演出，场场爆满。小黑除了声腔美之外，天生丽质，唱毕回眸一笑，众生倾倒。

不要以为这些秦淮歌女博得的都是掌声与鲜花，她们毕竟是娱乐场中供人们消遣的对象。在人们的心目中，她们的地位是很低的。1934年发生的秦淮歌女桃花章风波就是最好的说明。当时，南京市社会局接受了市长马超俊的建议，为了使歌女有别于私娼，维持风化，决定对歌女进行管理。条文规定，凡是从事卖唱的歌女在胸襟前佩戴一枝桃花形状的徽章方可演出。歌女们看到这个规定后，认为这是对她们的人格侮辱。她们觉得自己卖艺不卖身，凭着歌喉吃饭，何错之有？古人有“轻薄桃花逐水流”之说，现在竟然让她们佩戴桃花章，这不是贬低、侮辱是什么？歌女们联合起来，抨击当政者。南京各报纷纷报道，为歌女鸣不平。官方发言人引经据典驳斥歌女和报纸上的说法，认为桃花自古以来就是褒义词，诗经有“桃之夭夭”之说，谈不上侮辱。南京报章以“桃花命薄”展开论战。名歌女张翠红、陈玉君、翁鸿声、丁美玉纷纷罢歌抗议。有的歌女仅仅是在上场时佩戴一下，很快就摘下那枚桃花章。几个月后，就没有人佩戴桃花章了。这事后来不了了之。

骆玉笙：歌声婉转小彩舞

骆玉笙早年照片

1985年，电视连续剧《四世同堂》在全国播出后，片头片尾的主题歌《重整山河待后生》轰动一时。人们被那雄浑有力、清润抑扬的京韵大鼓深深吸引。字幕上出现的演唱者署名为“小彩舞”。

小彩舞何许人也？我国著名京韵大鼓艺术家骆玉笙。

此时，骆玉笙已是71岁高龄的老人。

骆玉笙，出生于1914年，6个月大就被送给江湖艺人骆彩武做养女，所以，她根本不知道自己确切的出生地点。“小彩舞”是养父给她起的艺名。她从4岁起就配合养父演出杂耍。常常是骆彩武在变魔术的时候，把骆玉笙变出来，让她给围观的人唱上一段二黄。后来她回忆起自己的童年生活，总会感慨道：“哎，我是唱着长大的。”

骆玉笙跟着养父母漂泊于上海、南京、武汉等地，靠卖艺为生。她表演的京剧清唱，圆亮宽厚的歌喉令观众大为惊奇，人们纷纷称之为“小怪物”。后来她唱老生和老旦戏，三四年时间，就会唱五六十出京戏。

1926年，12岁的骆玉笙来到南京，在夫子庙的奇芳阁、六朝居、魁光阁等茶楼酒馆清唱二黄。从此，在南京秦淮河畔度过了十年岁月。

骆玉笙演出照

当时的夫子庙，和北京的天桥、上海的城隍庙、天津的“三不管”号称“天（津）、南（京）、海（上海）、北（京）”四大娱乐场所。

夫子庙一带有很多歌女在戏茶厅献艺。当年和骆玉笙在一起卖艺的姐妹中，出了不少蜚声南北的艺坛名角，如王玉蓉、王玉琴姐妹，后来从影的王熙春、张翠红、张翠凤等。

30年代，南京夫子庙著名的书场有飞龙阁、青龙阁、魁光阁等，骆玉笙经常在这些书场清唱“二黄”（一种戏曲唱腔）。白派京韵大鼓创始人白云鹏在魁光阁等处演唱《太虚幻境》《宝玉探晴雯》《黛玉焚稿》《宝钗扑蝶》等出自《红楼梦》的段子，深受南京人的喜欢。滑稽大鼓“山药蛋”富少舫擅长说唱《三国》与《西厢》，演唱时，眉飞色舞，滑稽有趣。骆玉笙经常去听这些大家的演唱，有一天，她尝试着去说鼓词。

当时梨花大鼓艺人董莲枝演唱的《剑阁闻铃》凄凉哀怨，把唐明皇思念杨贵妃的心情，刻画得淋漓尽致。因为京韵大鼓里没有这个曲目，董莲枝就把唱词传授给了骆玉笙。1934年，骆玉笙拜在韩永禄门下，系统地学习刘派大鼓的曲目。韩永禄曾是刘宝全的弦师，后来与刘宝全产生矛盾而分道扬镳，刘宝全赌气地说：“你离开我可就没饭吃了。”韩永禄说：“我离开你，再找一个好徒弟。”韩永禄真的找到了一个好徒弟，他收骆玉笙为徒后，再也未收其他人。韩永禄是骆玉笙演艺生涯中的贵人。

骆玉笙的嗓音天赋甚佳，音域宽广，高音清脆嘹亮，低音厚实沉重，音色优美，音质纯正，韵味醇厚，底气充沛，演唱时带有自然颤

骆玉笙晚年演出照

音，尤具魅力。韩永禄根据她的音色特点，为她设计了独特的唱腔。她在刘派的基础上，融化吸收了“少白（凤鸣）派”唱腔中婉转华美、悲壮苍凉的音调旋律，又融入“白（云鹏）派”低徊巧俏的曲腔韵味，从而形成了独特的艺术风格，骆玉笙因此获得“金嗓歌王”称号。

1936年，骆玉笙离开南京来到天津。她在天津成名后不久，正赶上小梨园开业，经理冯庸甫将骆玉笙师徒请到小梨园，不久，骆玉笙便成了台柱子。与小梨园只隔一条马路的天祥舞台（后改名为大观园）把刘宝全请来挑大梁。刘宝全一来，小梨园和天祥舞台自然就形成了骆玉笙与刘宝全“打擂”的局面。为此，天祥舞台在天津《益世报》打出广告：“刘宝全，鼓界大宗师，誉满全国重莅津门，挽友礼聘首次登台。”小梨园打出了“金嗓歌喉鼓界女王小彩舞”霓虹灯广告牌，一时传为佳话。

骆玉笙的一生充满了传奇色彩，她竟然拥有80年的舞台生涯，一生演唱了120多首传统及新编曲段，是空前高产的京韵大鼓艺术家，在我国曲艺界红了半个多世纪。她的代表曲目有《剑阁闻铃》《红梅阁》《大西厢》等。

上世纪90年代，骆玉笙为参加第一届中国曲艺节再次来到南京。走在秦淮河畔，她不由得想起自己当年讨生活学艺的艰苦岁月，自然感慨万分。她为南京听众献上了新词《重整山河待后生》。

1985年，骆玉笙当选为中国曲协主席。1993年第八届津门曲荟，骆玉笙以八十高龄演唱《击鼓骂曹》，高难度的击鼓动作堪称完美。后来，骆玉笙担任天津人民广播电台说唱团副团长、天津市曲艺团副团长。

2002年5月5日，骆玉笙在天津辞世，享年89岁。

严凤英:“七仙女”下凡

严凤英

提起黄梅戏，人们自然会想到《天仙配》，想到“七仙女”——严凤英，著名的黄梅戏表演艺术家。

严凤英虽然是安徽人，但她的成长和成功，与南京有着密切的关系。她曾经在南京生活了三四年，而且还与一个南京人有过一段婚姻。

严凤英1930年生于安徽安庆地区桐城罗家岭，乳名“鸿六”。安庆是黄梅戏的故乡，当地几乎人人都能哼唱几句，在这种氛围之下，严凤英也从小痴迷黄梅戏。十来岁时，她偷偷拜了当地一位老艺人严云高为师。自小聪慧的她一学就会。12岁时，严凤英第一次登台演出，一下子惊动了乡邻，但族人认为戏子伤风败俗，要将她“沉塘”，严凤英无奈只得逃走，跑到安庆，开始了搭班唱戏的生活。在安庆，她因出演《小辞店》中的柳凤英而闻名，从此改名严凤英。

1949年初，年方20岁的严凤英辗转来到南京，迫于生计，她改名严岱峰，在上乘庵米高梅舞厅当了一名歌女。解放初期的南京，京剧、昆曲、扬剧、越剧、评剧都有一定的市场，她经常去夫子庙京剧茶座和安乐酒家看演出、听戏。这使得她艺术眼界大开。

1950年，她在南京遇见了对她后来的人生道路产生重要影响的男人——甘律之。

1950年3月，由南京著名京剧票友甘律之等二十几人发起组织“友艺集”。当时每天下午2时在安乐酒家（现江苏饭店）的小舞台上，南京的数十位名票轮流上演京剧，这样的艺术氛围深深地吸引了严凤英。就是在这里，她与“戏曲世家”的三公子甘律之相识了。

甘律之所出生的甘家可不是一般的人家。祖上甘熙是清代的进士，也是著名的藏书家。在南京市中心的位置拥有一座“九十九间半”大院，南京人称之为甘家大院。家中筑有江南著名藏书楼——津逮楼。这时候的主人甘贡三在南京是有名的京昆世家。甘贡三相交的都是当时的名流，如溥侗（红豆馆主）、梅兰芳、奚啸伯、徐兰沅（梅兰芳琴师）、曹慧麟、王熙春、童芷苓、言慧珠、李蔷华等常常出入甘家交流切磋。在民乐方面，甘贡三精于笙、笛，号称“江南笛王”，还擅长三弦、琵琶。他的几个子女都喜欢戏曲表演。长子甘浏，早年肄业于金陵大学，曾拜溥侗为师，后担任新生社社长。次子

甘熙故居

甘涛，自幼深受父亲影响，爱好民乐，在器乐方面算得上多面手，擅长古琴、筝、笛等，尤以二胡造诣最深，为江南丝竹名家。三女甘长华，工青衣，其昆曲的《思凡》《断桥》《贩马记》《游园》等折小戏，曾得到溥侗、俞振飞、尤彩云等昆曲名家指点。甘长华之夫汪剑耘，工青衣，亦会花旦和小生，17岁登台演出即小有名声。他声腔、扮相、动作都酷似梅兰芳。梅兰芳曾亲听其唱曲，颇为赞许。1951年8月10日，汪剑耘在上海正式拜梅兰芳为师。四子甘法，号律之，亦工老生，1950年担任南京市戏剧改进会登记组组长，为“友艺集”的中坚分子。幼女甘红华，工青衣，昆曲曾得到尤彩云、李金寿、徐金虎等口授亲传。可以说，此时的甘家是地地道道的戏曲之家。

认识了甘律之，严凤英大开了眼界。她拜甘家人为师。由于悟性好，又勤学苦练，她有时三四天就能学会一台戏。她向甘律之学会了《梅龙镇》。甘律之的姐夫汪剑耘对严凤英的唱腔、眼神尤为赞赏，认为她是可造之才，遂手把手教她练毯子功、把子功。严凤英练功十分刻苦。她和甘家十几个人一起练功、排戏、演出，一年时间内，学会了《游园惊梦》《春香闹学》《大登殿》《御碑亭》等曲目。这段经历为她日后在表演上的发展打下了坚实的基础。

甘律之擅长唱京剧的老生、小生，且拉得一手好京胡。此时的甘律之新丧配偶，心情抑郁。严凤英的闯入，温暖了他的心。两人遂成了“知音”，渐渐地有了感情。

严凤英在《天仙配》中饰演七仙女

这时候，严凤英人生道路出现了转折。

1951年，严凤英的家乡安庆市希望她回乡演出。严凤英开始十分犹豫。她想到自己从12岁就开始在外漂泊，现在家乡主动邀请她回家，当然是好事，但一想到甘家给予自己的帮助、温暖，她又犹豫了。甘律之理解严凤英对黄梅戏的热爱，鼓励她回去，并将她送回了安庆。在这一点上，甘律之这个男人还是很大气的。

回到安庆，情况发生了变化。她遇到了安庆军区的文艺骨干王兆乾。他是个军人，很有才气，黄梅戏的第一本唱腔集就是他收集整理成的。不知从什么时候开始，严凤英悄悄喜欢上了这位军人。

1953年，严凤英随安徽省黄梅戏剧团到南京演出《打猪草》。她带了礼物，想去甘家表达谢意。王兆乾不让她去，但严凤英坚持要去。王兆乾就悄悄跟着到了南京，还遇见了甘律之。这时，王兆乾与严凤英发生了冲突。个性刚烈的严凤英不堪受辱，坚决与之分了手。此时严凤英已经怀了身孕。上世纪50年代初，未婚生子要背负巨大的社会压力，但她并不在乎。此时的严凤英想到了甘律之对她的好，两人的感情又开始复苏了。1954年3月，严凤英决定与甘律之结婚。当年的喜宴设在大三元酒家。甘家亲友及南京的很多票友都前往祝贺。当时严凤英正在排《天仙配》戏，准备参加华东地区戏曲汇演。甘律之还为她准备道具。

严凤英与儿子、女儿

关于严凤英与甘律之的这段婚姻，有人认为是报恩成分，毕竟甘律之给过她很多帮助。此时甘律之的境况很不好，做做小生意，勉强度日。而此时的严凤英可谓是春风得意，事业如日中天。1954年，严凤英在上海参加华东区戏曲观摩演出大会，演出了《天仙配》《砂子岗》《打猪草》三出戏，并获得了一等奖。

1955年，电影《天仙配》上映，严凤英扮演的“七仙女”唱腔亮丽沙甜，委婉动听，韵味十足，一时风靡全国。她每天都收到全国各地的观众来信，信中都是赞美之词。《天仙配》的成功让黄梅戏一下子从一个不知名的地方小剧种变得全国闻名。

严凤英与甘律之两人的境遇出现悬殊。在那个讲究出身的年代，有人给严凤英出了难题：要黄梅戏还是要资本家？严凤英选择了黄梅戏，1956年与甘律之离婚了。

1956年下半年，严凤英在排演《王金凤》时认识了导演王冠亚，并与之结婚。在后来的几年里，严凤英过了一段平静的岁月。可是，“文革”开始，她遭受了难以想象的欺侮。1968年4月8日，严凤英服安眠药自杀，时年38岁。

十年以后的1978年5月23日，安徽省委为严凤英平反昭雪。书法家林散之先生写诗曰：“尘劫人间惊万千，唯君一死最堪怜。凄凉练好霓裳曲，奔入蟾宫作散仙。”另一首写道：“皖中凄绝黄梅女，血泪沾成碧草痕。千古伤心唯一死，落花谁忆玉楼人。”

如今，人们在回顾严凤英的成长经历时，是绕不过南京的。甘家大院现在成了南京民俗博物馆。馆内还陈列着当年严凤英居住过的房间，房间里还挂有严凤英当年的剧照。

王玉蓉：铁嗓钢喉

王玉蓉

她曾是秦淮河畔的一位歌女，因为嗓子好，能接连演唱四五小时“不饮场”，人们称她“铁嗓钢喉”。

她勤奋好学，一边在中学读书，一边在秦淮河畔当歌女，歌女的身份暴露后，她被赶出了校门。

这位歌女叫王玉蓉。

王玉蓉1913年出生于上海一个木匠家庭，原名王佩芬，曾就读于明德中学，立志从医。不料刚刚读到初二，其父病重，因生活所迫而辍学。15岁时来到南京，在秦淮河畔的戏茶厅当歌女。她拜于莲仙为师学京剧，走的是程派（程砚秋）路子。她给自己起了艺名叫王艳芳。她先后在秦淮河畔的群芳阁、天韵楼、飞龙阁等戏茶厅清唱。由于她嗓音纯净甜美，演唱富有激情，很快脱颖而出。同时在秦淮河畔歌厅演唱的还有一位名叫小彩舞的新秀，这个小彩舞就是日后成为京韵大鼓艺术家的骆玉笙。

王佩芬虽为秦淮歌女，但积极上进，勤奋好学。她考入京华女子中学。每日清晨，她以王佩芬学名上学。待华灯初上之时，用王艳芳艺名前往茶楼卖艺。群芳阁老板为招揽生意，举办南京歌后选举，尽管竞争激烈，但王艳芳凭她那无人匹敌的歌喉，荣登皇后宝座，因此遭人嫉妒，有一个歌星怀恨在心，威胁道：“有你，我就不得好过；有

王玉蓉剧照

我，叫你也好过不了！”于是，她买通了一帮人，每逢王艳芳登台演唱，这伙人立即起哄喝倒彩，甚至将瓜皮、茶杯等物抛向台上。王艳芳对此则表现出宽宏大度的胸襟。

一个周末，王艳芳正在后台候场，无意从台帘缝隙中看到台下坐着一位面孔熟悉的观众，仔细端详，原来是她所在的京华女子中学的校长，顿时紧张得不知所措，心想：要是校长认出我来怎么办？正当她忐忑不安之际，偏偏又轮到她上场，事已至此，只得听天由命，硬着头皮上场了。她在心中还暗自祈祷，希望老天爷保佑她千万别被校长认出来！她上台时特意斜着身侧着脸走向舞台，而且仰头平视，不看台下，歌罢便迅速下场。

周一，等她到了学校，一个心直口快的同学立即把那不愿听到的消息告诉了她：“学校说你到茶楼卖唱，有伤风化，已贴出布告把你开除了！”最怕的结果还是发生了！她为此号啕大哭。消息不胫而走，记者纷纷前来采访，很快便以《为何校长能茶楼听曲，歌女不能入校读书》的醒目标题见于报端。这位校长立即撰文反驳，随之又有《歌女可是公民？》的文章声援王艳芳。报纸上为此展开了笔战。校长为此还召开了记者招待会，言校方初不知王佩芬系歌女，为整顿校风故将其开除。

遭此厄运的王佩芬心灰意冷，无心献艺，亦无意求学。当时的金陵女子中学知道了她的境况，表示愿意接受她为旁听生，但她还是婉言谢绝了。这件事对她打击太大了。她没有想到的是，全城的人都在议论她。古老的秦淮河畔给了她掌声，但也给了她伤害。要知道，一些正人君子自己可以去戏茶厅听歌观舞，心里却容不得一个歌女，这是一个什么逻辑？她从身边人异样的眼光中感觉到，自己在秦淮河畔已经待不下去了。一天，她带着不舍，悄然离开了南京回到了家乡上海。

回到上海后，她改名为王玉蓉。1933年，在同窗好友顾菊英的帮助下，年仅20岁的王玉蓉来到北京，拜当时有名的京剧大师王瑶卿为师。王瑶卿对她进行了严格的训练。恰逢长安大戏院落成，王玉蓉与管绍华、吴彩霞、李宝魁等众名角登台演出《四郎探母》，大获成功。王玉蓉就此一炮而红，声誉与日俱增。此时，百代唱片公司又将《四郎探母》灌制成唱片，一时大卖。从此她在长安大戏院演出达8年之久。后来百代唱片公司又高额酬金灌制了她的《武家坡》。王玉蓉还应百代唱片公司邀请，赴缅甸、新加坡、菲律宾、马来西亚等国旅游观光，亲眼看到了各国华侨争购她主演的《四郎探母》《武家坡》唱片的情景。

在王瑶卿的授艺下，王玉蓉曾把《花园赠金》《彩楼配》《三击掌》《平贵别窑》《母女会》《武家坡》《算军粮》《大登殿》等有关王宝钏的八出戏连串成一台戏，她饰王宝钏，一人唱到底，一气呵成，这可是一般演员望尘莫及的，为此她博得了“王八出”的美誉。

1949年后，王玉蓉与其女小王玉蓉组成蓉菁京剧团，与高盛麟、纪玉良等合作，在长沙等地演出。1953年，王玉蓉参加武汉京剧团，担任副团长，后转入上海新民京剧团任主演。1957年调入北京和平京剧团任副团长。1964年调入吉林省戏曲学校任教。1974年退休回北京定居，曾应邀到北京中国戏曲学院以及武汉等地讲授“王派”青衣表演艺术。

王玉蓉嗓音圆润清亮，她唱的许多剧目在“王派”的基础上，又有新的发展，形成了自己独特的表演风格。

王玉蓉擅演的剧目有《王宝钏》《孔雀东南飞》《三娘教子》

《孙夫人》《四郎探母》《玉堂春》《银屏公主》《雁门关》《李艳妃》等。

王玉蓉于1994年6月8日在北京病逝，享年82岁。

船娘：不见风流夏五娘

民国时的玄武湖游船

那时的玄武湖是敞开的。

那时的玄武湖富有野趣：湖边杂草丛生，水鸟出没，水清天碧。春天，杨柳依依，和风舒畅。夏天，荷花盛开，清香阵阵。秋天，天空明净，紫峰倒映。冬天，湖上飞雪，枯荷如画。那时，在玄武湖边停放着几十艘小船，船边站着很健康的南京女子，她们不停地吆喝着，希望游客能上她们的游船，这样，她们就挣得几分辛苦钱。

她们的身份叫船娘。

民国年间倪锡英出版的《民国都市地理小丛书》，专门说到玄武湖上的船娘："出玄武门，堤边便有许多船娘上来兜生意，她们开口的价格都很贵，但论价的结果，会便宜到出人意料，普通讨价一元，结果两三毛钱便可成交。"

经不起吆喝，来玄武湖游玩的游客于是便跳上船去。船娘站在船艄上，用竹竿往水中一点，木船便向湖中心撑去。如果在夏秋之交，小木船穿梭于荷叶丛中。荷叶田田，莲花朵朵。游客们躺在藤椅上，仰望着蔚蓝的天，呼吸着清新的空气，听着远处传来的船娘们的歌声与笑声，真是惬意无比。

船娘所撑的船大致有两种，一种是可坐五至七人的游船，由她们撑竿在湖中行驶；一种是瓜皮小船，由游客自划，自娱自乐，不会划的就请船娘代劳。这些船娘大体是家住玄武湖附近的农家女子，她们操着南京话，会唱南京的歌谣，还会说南京的典故。据说，1928年，玄武湖的游船有200多条。那时候，南京拥有金陵大学、中央大学、金陵女子文理学院等几所大学，在南京上大学的学子们，特别喜欢到玄武湖来划船。

我国著名的古典文学专家程千帆教授1928年曾就读于金陵大学，闲暇时他经常和同学到玄武湖游玩。给程千帆留下深刻印象的是玄武湖上的游船和一位名叫夏五娘的船娘。程千帆这样回忆："那时，游船也就租用渔船，行船主要用篙撑，而不用桨划。如果你不会的话，就可请一位渔家姑娘来撑。她们性情温和，体格健美，而且熟悉南京的历史传说、民间故事，请她们作导游，是很愉快的。在她们中间，有一位姓夏的，颇有美名。"（《玄武湖忆旧》）

程千帆教授还做了一首诗：

四十年前侧帽郎，北湖千顷踏秋光。
重来一事增惆怅，不见风流夏五娘。

夏五娘姓甚名谁，已经不清楚。她很会做生意，很热情，所以，当时很多人都喜欢上她的船。40年后，程千帆教授重游南京时还记得那位夏五娘呢。

30年代，剧作家田汉也曾经来玄武湖划过船。他原计划根据玄武湖船娘的情况，撰写一个电影剧本《船娘》，后来因故没有完成。但田汉留下了一首《船娘曲》："荷叶樱桃不值钱，辛苦织绸没人穿。

秦淮河上的船娘

花儿易谢人易老，姐儿无可奈何驾游船，来啊！上我的船！荷花谢后藕儿鲜，叶儿上有露珠眠。您若是爱静不爱闹，姐划到太平门外古城边，来啊！一毛钱。”

据说，民国时期，有一个青年人在游湖时，和一位船娘产生了感情。在青年即将奔赴抗日前线之际，船娘亲手采来玄武湖樱桃送给青年，以表达自己的爱恋之情。当时玄武湖畔还传唱着这样一首歌谣：“五月端阳樱桃红，妹采樱桃送英雄。愿郎前方多杀敌，樱桃熟时再相逢。”

桨声灯影里的秦淮河，也曾有船娘。与歌妓从事的职业不同，船娘只是纯粹的苦工，虽然同在秦淮河上的画舫上，她们以撑船为职业，偶尔也会唱首小曲，为游客助助兴。

王玉龄：凄凄往事怯重温

她是一个大美人。

她是国民党高级将领张灵甫的妻子。

她19岁就守寡，后来没有再嫁。

她叫王玉龄。

王玉龄

王玉龄1928年出生在长沙的书香世家，原籍安徽舒城，祖辈曾担任过清朝的尚书和两江总督，其父系家族经商有道，富甲一方。王玉龄的父亲王树南是保定军校第六期毕业生（顾祝同、余汉谋、叶挺都是他的同窗），而她的伯父则是该校第一期的毕业生。王家很有经济实力。原国民党湖南省政府主席何键乘坐的第一辆轿车就是王家捐赠的。王玉龄5岁那年，父亲因病去世。后来，王玉龄在长沙福湘女校读书。抗日战争期间，她转入含光女中继续读高中。

抗战胜利不久，经过国民党74军张处长太太介绍，王玉龄认识了国民党高级将领张灵甫，从此，她的人生轨迹发生重大改变。

张灵甫（1903—1947年），陕西人。1923年考入北大历史系，期间同第一任妻子邢凤英结婚。张灵甫后因无力负担学费而退学。1926年，他在国民党元老于右任的建议下考入黄埔军校，成为黄埔四期学员，与后来的同僚胡琏、李弥以及林彪、刘志丹都是同学。黄埔毕业后，张灵甫被编入国民革命军第21师任步兵排见习官，不久升任排长，参加北伐战争。北伐结束后，张灵甫调入国民革命军第一师，在

王玉龄与张灵甫结婚照

这个有“天下第一师”之称的蒋介石嫡系部队中担任团长。此时的张灵甫年仅30岁。经朋友介绍，张灵甫与吴海兰相识结婚。一年后，女儿张清芳出世。张灵甫怀疑妻子与别人有染，枪杀了结婚三载的吴海兰。为此，他差一点受到军纪的严厉处分。张灵甫第三任妻子是陕西高翰林的孙女，是一个略有文化知识的封建式妇女，两人生有一女。

抗日战争期间，张灵甫指挥了常德之战、芷江保卫战，后升任第74军副军长。当这位颇有些得意的副军长向王玉龄家求婚时，王玉龄的母亲坚决不同意，因为她知道张灵甫已经结过三次婚。这位战场上的枭雄似乎也不愿意在情场败下阵来。张灵甫使用了各种手段，猛追王玉龄。这位少女的心最后被打动了。母亲无奈，只好提出了一个条件：必须由时任湖南省政府主席的程潜主婚。就这样，年仅17岁的王玉龄与42岁的张灵甫在上海金门饭店举行了隆重的婚礼。这桩婚事曾经轰动一时。

婚后，张灵甫将新婚妻子带到了南京居住。他在南京二条巷买下了一栋花园别墅，建筑面积约300平方米。不久，张灵甫出任蒋介石的“御林军”、国民党五大主力之一的74军（整编师）军长兼首都警备司令。

1946年8月，张灵甫接到命令，率部队出南京投入华东战场。1947年春天，王玉龄还曾经去前线看望他，不久便生下了一个男婴。1947年5月，张灵甫被解放军华东野战军围困在孟良崮上，后被击毙。几个月后，王玉龄才获知丈夫阵亡的消息。这时她刚刚过完19岁生日。

1949年4月，王玉龄携幼子和母亲离开大陆。

1952年，在孙立人（系王玉龄的姨父）的帮助下，王玉龄办了去美国的护照，留下老母和6岁的幼儿，只身去了美国求学。

1953年，王玉龄考入美国纽约大学。毕业后，在罗斯福医院担任会计，后在一家饭店工作，最后在美国航空公司工作了20多年直到退休。

王玉龄与儿子

1973年秋，周恩来从海外华人口中得知王玉龄女士在美国的情况后，通过有关人员向她发出邀请，希望她回国观光旅游。同年9月，王玉龄踏上了阔别25年的故土，在北京受到周总理的秘密接见。

2003年，王玉龄在上海浦东玫瑰园为丈夫立了一座衣冠冢，碑铭是她为丈夫题的一首诗："当年有幸识夫君，没世难忘恩爱情。四七硝烟伤永诀，凄凄往事怯重温。"

王玉龄与张灵甫所生的儿子张道宇后来在美国读了中学和大学，毕业后在中国台湾创办了一家公司，还担任过"中华黄埔后代联谊会"会长。

近年来，王玉龄一直在上海生活。媒体上不时可以看到她接受记者的采访消息。

徐来：东方美人

徐来

提起20世纪30年代上海滩的电影明星，阮玲玉、胡蝶、徐来、王人美……是肯定无法遗漏的。这几位无疑是一线明星。

徐来从影时间并不长，也就3年时间，但她拍了8部电影，每部上座率都很高。由于长相出众，她素有“东方标准美人”之称。

这位“东方标准美人”曾经与南京有一段关系。

徐来，祖籍浙江绍兴，1909年出生在上海一个普通商人家庭，父亲在南市老城厢里经营一家量具店（秤店）。上学后起名叫徐洁凤。在小学念书的时候，徐洁凤就喜爱唱歌跳舞。1927年，18岁的她考入黎锦晖主办的中华歌舞专修学校。在这所学校，她遇到了王人美、白虹、黎莉莉等一帮同学，这几位后来都成为演艺界的明星。学校老板黎锦晖的女儿黎明晖也在这个班上。

这个黎锦晖可是一位才子。他是湖南湘潭人，早年毕业于长沙高等师范学校。父亲是晚清秀才。黎家共有8个儿子：锦熙，语言学家；锦晖，音乐家；锦耀，矿业专家；锦纾，教育专家；锦炯，铁路桥梁专家；锦明，作家；锦光，音乐家；锦扬，作家。可谓满门俊彦，人称“黎氏八骏”。黎锦晖在音乐、戏剧、歌舞方面具有极高的天赋与才情，是中国流行音乐的奠基人、中国儿童歌舞剧的创始人。他自己作词

黎锦晖

作曲，作一曲，火一曲，时人对他推崇备至。当年，他在上海滩创办中华歌舞学校，开启了演艺教育的新天地。

这个音乐才子不知从何时开始看上了年仅20岁的徐洁凤。此时的黎锦晖已经快40岁，过去有过一个妻子，妻子对他到上海搞演艺歌舞之类的事很反感，觉得这个男人不务正业，和他离婚后留在了湖南老家。黎锦晖独自带着女儿黎明晖来到上海滩闯荡。此时的徐洁凤与黎锦晖的女儿一般大，而且二人关系还不错。黎锦晖非常喜欢徐洁凤，给她重新起了一个名字——徐来，“清风徐来”的意思。黎锦晖带领他的中华歌舞团，赴南洋一带巡回演出。徐来当然也是其中的主要演员。歌舞团先后到新加坡、吉隆坡、曼谷、雅加达、万隆等地演出，大获成功。1929年底，歌舞团回到上海。

也就是在这一年，20岁的徐来嫁给了大她18岁的黎锦晖。1930年，徐来随团到天津、北平、大连、沈阳、长春、哈尔滨等地演出，同样受到国内观众的追捧。这时，明星影片公司负责人之一周剑云看中了徐来，聘请她加入明星公司。徐来开始踏入影坛。她主演了无声片《残春》，一举成名。后来，她又主演了《泰山鸿毛》《华山艳史》《到西北去》《路柳墙花》等影片，部部卖座。1935年3月8日，著名影星阮玲玉服毒自杀，对徐来刺激很大。徐来在主演了《船家女》后，便毅然决然告别了影坛。

而此时，她和黎锦晖6年的婚姻也走到了尽头。此后，经杜月笙介绍，徐来结识了唐生明，两人很快结婚了。唐生明是民国将领唐生智的胞弟、黄埔军校第四期毕业生。抗战初，唐生明曾任长沙警备副司令和常德警备司令。不到而立之年，就已当上了国民政府军事委员会的中将参议。他善于交际，通谋略，有胆识，人脉广，在国民党官场很吃得开，和军统局长戴笠也称兄道弟。蒋介石授意戴笠将唐生明秘密召往重庆，面授机宜，令唐生明潜往南京卧底，见机行事，利用汪伪高层的矛盾，做分化工作，并收集情报。

1940年春夏之交，相貌堂堂的唐生明携衣着入时、姿色出众的妻子徐来出现在南京下关火车站，在出口处，夫妇俩受到汪伪权要叶蓬、高冠吾、苏成德等人的欢迎。

唐生明作为国民党高官，携妻徐来投靠汪伪，与日本人合作，此举无疑被人们认为是大汉奸。为了迷惑敌人，其兄唐生智将军还公开在报上发表声明与之脱离关系。

为获取日本人信任，唐生明在南京、上海结交亲日权贵，挥金如土。徐来作为唐生明的妻子，一直陪伴左右，协助丈夫秘密开展工作。

汪精卫亲自出面协调，将唐生明夫妇安置于城西牯岭路上一所花园洋房内，并任命唐生明为汪伪军委会委员、中将高参，以示恩宠。唐生明爱好打麻将、跳舞，又有好酒量。他家常高朋满座，而徐来亦爱玩乐，牌技极好，每次打牌输少赢多。她善于交际，很快与汪精卫老婆陈璧君、陈公博情妇莫国康、周佛海老婆杨淑慧等混熟了。通过牌局、饭局，徐来搞到汪伪核心层不少重要情报。

徐来与女儿

1942年秋，唐生明在南京汪伪军委会参加一个高层重要会议，会上，汪精卫透露了一个重要秘密，近日将调遣两个师的军队配合日军对苏中的国民党军队和新四军进行突击扫荡，并出动驻南京、上海的海军航空兵60架飞机助战。汪精卫要求大家严守机密。会后，唐生明安排徐来冒险回到上海，将这一重要情报传递给了国民党。

徐来在南京居住时期，常在丈夫陪伴下去中山陵园、莫愁湖、五洲公园（今玄武湖公园）等风景胜地游玩，到夫子庙品尝秦淮风味小吃。南京的汪伪政治警卫总署署长马啸天对唐生明夫妇一直心存怀疑，暗中监视并派特务监听过唐徐夫妇的电话，但一无所获。1943年初，徐来因探望遇害抗日志士的家属引起马啸天、苏成德两个特务头子的怀疑，差点惹出大祸。后来，唐生明机智地化解了危险。

1943年4月，日本“兴亚院”出于宣传需要，授意大汉奸苏成德、马啸天所操控的“东亚同盟中国总会”在上海、南京物色中国知名演员拍摄颂扬“帝国之花”——海军中佐南造云子（已于一年前被抗日志士刺杀）谍报生涯的影片。物色女主角是重中之重，由胡兰成和张善琨出面筹组摄制组。当时，很多进步演员早去了大后方或南洋。胡兰成想到了徐来，便找到了唐生明，做两口子的工作。徐来一口拒绝了，表示自己已息影多年，身体又欠佳，不能从命。由于物色不到适合饰演南造云子的演员，拍片计划也就不了了之。

抗战胜利后，唐生明身为国民党的党国要人受到蒋介石的嘉奖。1949年4月，他参加了策动湖南和平起义的活动。1950年秋，他出任解放军第21兵团副司令员，参与指挥南下解放两广战役。而徐来和孩子们迁居香港。1956年，徐来举家又迁回北京。唐生明被任命为国务院参事及全国政协委员。

“文革”期间，唐生明和徐来夫妇被投进监狱。1973年，徐来在狱中含冤去世，终年64岁。十一届三中全会以后，唐生明当选为第六届全国政协常委。1987年10月，他在北京去世，终年82岁。

徐来和唐生明育有四个儿女。

杨步伟：杨家有女赛须眉

杨步伟

她出身南京名门望族。

她接受过良好的教育，20世纪初就到日本留学，拿到了医学博士学位。回国后，担任一家医院的院长，成为我国第一位女性医院院长。

从个人的建树看，她没有太大的成就，但她的丈夫知名度极高。他就是我国著名语言学家赵元任。这位被称为“中国语言学之父”的奇才，会说33种汉语方言，并精通多国语言。因为赵元任，她的名字也被世人所知。

她有一个男人一般的名字——杨步伟。

杨步伟（1889—1981年）的祖父是中国近代著名佛学大师、金陵刻经处创办人杨仁山。她在自传中说：“我是在光绪十五年在南京花牌楼的一所一百二十八间的房子里出世的。那时候的花牌楼，不是像我四十多年后在南京住家的时候的大宽马路，那街窄得两顶轿子对面走还得慢下来才免得碰着了。烤烧饼的烤烧饼，挑水的叫行人站开……”当时的杨家能拥有一百多间房屋，可见不是一般的家庭。杨仁山是安徽石埭人，父亲是道光年间的进士。早年，杨仁山的父亲、杨仁山自己都在曾国藩幕府做事。光绪年间，杨仁山还和曾国藩的儿子曾纪泽一起出使欧洲。1866年，对佛教产生了浓厚兴趣的杨仁山创办了金陵刻经处，从此投入了毕生精力，弘扬佛教事业。杨仁山育有五个儿子，两个儿子早夭。晚年，他对三个儿子说，将南京延龄巷自家的房屋捐作金陵刻经处的永久办事处所。

杨步伟的生父杨自新是杨仁山的长子，生父有九个子女，杨步伟是老九。养父是二房，无子。杨步伟一出生便过继给二房。幼年时的杨步伟天真烂漫，无拘无束。1895年，杨自新负责督造南京狮子山、幕府山炮台工程。此时正在两江总督张之洞门下的黎元洪，就在杨自新手下担任秘书兼德文翻译，吃住都在杨家。下雪天，杨步伟捏了一个小雪人放在黎元洪的被子里。黎元洪和她闹着玩，拿尺子在她手心打了五下，说她放的雪人弄湿了他的被子。杨步伟竟抢过尺子，在黎元洪的屁股上打了几下，说："你有什么凭据可以说是我做的，也许是你自己睡梦尿了不知道呢。"后来成了中华民国总统的黎元洪对杨步伟一直十分欢喜。

因为杨步伟的脚大，家里人叫她"大脚"。因为太淘气，左右的人叫她"搅人精""小三少爷"。先生教她《论语》，当读到"割不正不食"时，她批评孔子浪费："他只吃方方正正的肉，那谁吃他割下来的零零碎碎的边边呢。"16岁那年，杨步伟参加南京旅宁学堂考试，入学考试作文题为《女子读书之益》，她写道："女子者，国民之母

1946年6月1日，杨步伟与赵元任银婚纪念照

也。”杨步伟处处表现出和男孩子一样的性格。直率、洒脱性格的形成与杨步伟的祖父开明有着直接的关系。杨仁山是中国佛教协会创始人，接触过西方文化，思想开明。他坚决反对女人缠足，鼓励孙女读书。对孙女的调皮行为，他都能包容。这对杨步伟性格的形成产生了很大的影响。

杨步伟表现出的反叛精神集中体现在她的退婚上。在她还没有出生的时候，家里便指腹为婚，将她许配给姑母的儿子。16岁那年，她坚决要求退婚，自己还拟了一封退婚信："日后难得翁姑之意，反贻父母之羞。既有懊悔于将来，不如挽回于现在。"家里被她闹得鸡犬不宁，父亲气得表示"不嫁就处死"。最后还是开明的祖父出面，此事才收了场。为此，父亲与女儿之间8年没有说过话。

1915年，杨步伟到日本东京帝国大学医学部留学。回国后，她和同伴李贯中在北京西城绒线胡同开办了一家森仁医院，只设妇产科和小儿科，成为我国第一代西医妇产科医生。

赵元任与杨步伟的恋爱始于1920年。那是9月的一个晚上，赵元任从"国语统一会"散会出来，因时间太晚城门已关，回不了清华大学，就去表哥庞敦敏家过夜。那天表哥家正好有客人，都是留学日本归来的朋友，其中就有森仁医院女医生杨步伟和李贯中。起初，杨步伟想把李贯中介绍给赵元任，然后另外找合伙人好好把医院办下去。哪知道赵元任看上了"红娘"。

32岁的杨步伟和29岁的赵元任结婚了。这对大龄博士夫妇的婚礼在当时堪称新潮。他们在住处请老朋友胡适还有杨步伟的一个同行朱徵小姐一块儿吃饭，由杨步伟亲自下厨做了四样菜。饭后，赵元任微笑着取出一张手写的"结婚文件"，请他们的朋友朱徵和胡适"签名作证"。赵元任回忆道："我的同班同学胡适劝我们至少用最低限度的办法，找两个证人签字，贴四毛钱印花，才算合法。"然后，二人到中山公园拍了相片，和"结婚通知书"一起寄给亲友，一共寄了400份

杨步伟与赵元任

左右。通知书上说，赵元任与杨步伟已经“在1921年6月1日下午三点钟东经百二十度平均太阳标准时在北京自主结婚”。其实所谓结婚的那一时刻，两个新人正在邮局给亲友们寄发通知书。这样的结婚方式，后来被报纸以“新人物新式婚姻”为题评论说：“不但在中国，就在世界，也算得一种最简单的。”连赵元任的好友、英国哲学家罗素也表示：“这够激进了！”最喜欢赵元任的姑妈送来的一个花篮也被他们退回了。对于他们不落俗套的婚礼，杨步伟一直引以为豪：“我们当时这无仪式的结婚仪式，不但是在那时轰动一时，就是一直到现在很多人还要说学赵元任夫妇的结婚仪式，但是没有一次学象了的。就是我们自己的女儿们也学不象。”

结婚之后，赵元任很快去了美国哈佛大学任教，而此时杨步伟怀孕了。她考医师的计划就搁置了下来。为了照顾赵元任，杨步伟选择放弃了自己的医学事业。

赵元任成就斐然，许多专著被誉为20世纪语言学范畴内最重要的著作。杨步伟对此功不可没。友人李济曾将赵元任比作《西游记》里的唐玄奘，在他认真做学问的路上，总会有“观世音菩萨”在帮着她。而这位“菩萨”就是杨步伟。

杨步伟后来写了《一个女人的自传》《杂记赵家》《中华食谱》《中国妇女历代变化史》等多部书籍。其中《中华食谱》不仅介绍了中国名菜的做法，而且还介绍了中国各地的饮食风俗。文字简洁优美又生动幽默，在西方国家一版再版。20世纪50年代，该书是欧美许多中餐厅老板、厨师、家庭主妇的厨房必备书。

1946年6月1日是赵元任夫妇银婚纪念日，他们的证婚人胡适寄来一首《贺银婚》："蜜蜜甜甜二十年，人人都说好姻缘。新娘欠我香香礼，记得还时要利钱。"到金婚纪念日时，夫妇俩步胡适《贺银婚》之韵又各写《金婚诗》一首。杨步伟是这样写的："吵吵争争五十年，人人反说好姻缘。元任欠我今生业，颠倒阴阳再团圆。"赵元任的答词是："阴阳颠倒又团圆，犹似当年蜜蜜甜。男女平权新世纪，同偕造福为人间。"患难与共、同舟共济的夫妻之情跃然纸上。

这对很多人眼中的"神仙眷侣"在一起走过了60个春秋。1981年3月，年过九十的杨步伟去世，次年2月赵元任也随之而去。

陈修良："黎明"前的"红色特工"

陈修良

她是中共南京市委第一位女书记。

她出身于资本家家庭，本来可以去读书，过安静的生活，然而她却选择投入到革命的洪流中。后来，她打入了国民党统治的南京，置生命于不顾，做了一位"红色特工"，为解放军提供了不少重要的情报。

她叫陈修良。

陈修良原名逸仙，1907年出生于浙江宁波，父亲陈宝善在她周岁时便去世，母亲陈馥（原名袁玉英）是一位积极支持革命的妇女。在大革命时期，陈馥曾经对宁波早期党组织给予过帮助，被宁波党员誉为"众家姆妈"。陈修良出生那年，"鉴湖女侠"秋瑾遇害。母亲陈馥决心把自己的女儿也培养成秋瑾这样有骨气的女人，于是，从小就对女儿灌输革命的思想，给女儿读秋瑾的"秋风秋雨愁煞人"诗句。这种教育对陈修良日后的道路选择产生了重要的影响。

1922年，陈修良去宁波女子师范求学，干脆将自己的名字改为陈逸仙，表达了自己追随孙中山思想的意愿。在学校，她担任自治学生会主席、宁波学联代表，积极投身于学生运动，后来因为参加革命运动被校方开除。1925年9月，她考入浙江省立女子中学。1926年3月，考入上海国民大学。同月，经孙鸿湘、徐玮介绍，加入中国共产主义青年团。1926年8月，赴广州大学学习，并参加团广东区委工作。1927年4月，经团中央总书记任弼时推荐，她在中共汉口市委宣传部担任向警予的秘书，并且在向警予的介绍下加入了中国共产党。1927年7月，大革命失败后，陈修良被调至湖北省委宣传部工作。随后，又被派往苏联莫斯科中山大学学习。

在风云激荡的岁月，陈修良一直过着颠簸不定的生活。

1930年夏，陈修良与陆定一、邓中夏等人一起回国工作。

1946年3月，中共中央华中分局副书记谭震林在淮安召见华中分局城工部南京工作部部长陈修良，宣布这位39岁的莫斯科中山大学毕业生担任中共南京市委书记。这是中共历史上第一位女市委书记。时任华中分局城工部部长的丈夫沙文汉是她的直接领导。临行前，沙文汉给妻子陈修良写了一首诗："男儿一世重横行，巾帼岂无翻海鲸？欲得虎儿须入穴，如今虎穴是南京。"

此时的南京尚处于国民党的统治之下。自从1922年中国共产党在南京建立党组织后，市委组织已经连续8次遭到毁灭性的破坏，先后有8位市委书记献出了生命。共产党在南京的地下党力量十分薄弱，仅有200多名地下党员。此时的国民党对共产党人大开杀戒。南京成了虎穴之地，在这里开展工作，其危险性可想而知。陈修良将生死置之度外，将自己打扮成了阔太太的样子，从镇江来到南京。她先是住在了市委委员朱启銮的家里，后来又住进了柏焱和柯秀珍夫妇家里，对外称"张太太"。柏焱

陈修良与沙文汉

的公开身份是化工厂的技师，柯秀珍是中学教员。他们都是地下党员。“张太太”就在这里秘密指挥南京地下党的工作。1946年4月下旬，她在南京磨盘街42号的一座花园洋房里召开了第一次市委会议。在后来的岁月里，“张太太”获取了不少有价值的情报。1947年4月，根据上级指示，她又在南京中央大学等大中学校发动了“五二〇”学生运动。解放前夕，由陈修良领导的南京市委策反部，成功推动了长江防线海陆空军大起义、国民党空军第八大队起义、“重庆号”巡洋舰起义、首都警卫师97师起义。

1949年4月24日凌晨，解放军先遣部队开进南京，把红旗插到了“总统府”的门楼上。早上8点整，一条“南京解放”的新闻从国民党中央广播电台里播发出来——

“我人民解放军已经解放了国民党的首都南京……我人民解放军第二、第三野战军，根据毛主席、朱总司令命令，奋勇出击，横渡长江，敌军望风披靡，南京全部解放，国民党反动统治的首都宣告解放，江南千百万人民重见天日。此皆我解放军将士英勇善战、后方军民努力支援、江南民众奋起协助，各野战军、地方部队一致配合的结果……”

这条新闻就是潜伏在南京的中共地下党负责人陈修良撰写的。新闻播出的同时，陈修良已赶到驻扎在励志社的35军军部，提出要见35军政委何克希。正在执勤的一位解放军战士说：你是什么人，穿一件旗袍，烫一个头，你怎么好见我们首长？这时，何克希政委正好从屋里走出来，看见陈修良后，他惊喜地说：“修良同志，我们终于见面了！”两个人紧紧拥抱在一起。这可把旁边的战士吓着了。这位战士哪里知道，这位身穿旗袍的女子就是中共南京市委书记。她曾和何政委一起在梅岭一带打过游击，是老朋友了。后来，陈修良奉命到南京组建地下党，一别三年，现在终于在南京会合了。

南京解放后，中共南京市委重新组建，陈修良任常委、组织部长。1950年6月，陈修良离开南京，到了上海市委工作，任上海市委基层工作委员会副书记、上海市委组织部副部长。后来历任华东局妇女委员会副书记、华东妇联副主任、华东暨上海高等学校党委副书记等职。

陈修良有过三次婚姻。19岁那年，她在广州认识了共青团广东省委书记、革命家李求实，两人很快相恋，并有过短暂的婚姻。1931年，李求实和其他四位左翼作家被国民党杀害于上海龙华监狱，为著名的“左联五烈士”。后来，陈修良嫁给了上海工人领袖余飞，并生下一子一女，让陈修良没有想到的是，余飞不仅隐瞒了自己的婚姻，而且还叛变投向国民党，两人的婚姻随之破灭。1927年，陈修良和革命家沙文汉结为伉俪。沙文汉也是宁波人，两人很早就相识。沙家是一个传奇家族。沙家五兄弟被誉为“沙门五杰”，享誉四方。老大沙孟海曾是蒋介石的文书、朱家骅的秘书，后以书法著称于世。老二沙文求则是革命烈士，曾任中山大学团支部书记、广州团市委秘书长。老三沙文汉是新中国第一任浙江省长。老四沙文威是全国政协副秘书长。老五沙季同是徐悲鸿的学生，著名艺术家。

1955年，沙文汉调任中共浙江省委副书记、浙江省长。陈修良随同丈夫到了杭州，她担任浙江省委宣传部副部长、代部长。1957年，沙文汉被划为“右派”，陈修良也受到冲击。1958年2月，陈修良被下放到嘉兴农村劳动改造。

“文化大革命”开始后，陈修良又被迫停止工作。

1977年12月，陈修良被摘掉“右派分子”帽子。1979年，她被平反，恢复党籍，任上海市政协常委。

1998年11月6日，这位经历坎坷、富有传奇色彩的老人在上海去世，享年91岁。

萧娴：卫管重来主坫坛

萧娴

在中国古代书法史上，有两位著名的女书法大师为后人所称道，一位是东晋时王羲之的老师卫夫人，一位是元代赵孟頫的妻子管夫人。而20世纪初，中国出现了一位女书法家，连康有为这样的大师都惊叹："卫管重来主坫坛"，意思是说，此女子了得，简直就是卫夫人、管夫人复活！

这个女子就是被称为"当代女书圣"的萧娴。

萧娴1902年出生在贵阳市，字稚秋，号蜕阁，署枕琴室主。父亲萧铁珊是孙中山的追随者，又是著名的南社社员，工诗文，善书画。萧娴幼承庭训，小小年纪就以擅写大字闻名乡里。萧娴3岁随父移居广州，5岁丧母。7岁时摹仿父亲写了一幅字，劲健的笔力和豪放的气概令父亲欣喜不已。他便开始教女儿学习书法。萧娴13岁那年，适逢广州大新百货公司举行大厦落成典礼，经朋友推荐，萧娴书写了一副丈二对联送去祝贺，联语是父亲拟的——"大好河山四百兆众，新辟世界十二重楼"。字大如斗，苍劲有力。观者赞叹之余，纷纷疑问：难道真是一个小女孩写的？于是萧娴又当众书写了一个大横幅——"壮观"。两个大字以雄浑的笔力，险奇的结体，再次引起轰动，从此萧娴被誉为"粤海神童"。萧娴应邀与谭延闿、高剑父等书坛名宿一道为二沙岛风景区写碑刻石。当时，广州街头有照相馆悬挂着她的照

萧娴在书写

片，题为“大书家萧娴”。

萧铁珊于1922年自广州移居上海，曾任康府家庭教师，萧娴遂有机会出入康家，并结识康家年龄相仿的女儿康同环，两人成了好友。萧娴以临写的篆书《散氏盘》请康有为过目。康有为大为惊叹，欣然题诗赞美：“笄女萧娴写散盘，雄深苍浑此才难。应惊长老咸避舍，卫管重来主坫坛。”于是收萧娴为女弟子。康有为传授书法十分严格，大凡执笔、运笔、用墨、结构，一一细析示范，因萧娴爱写大字，乃因势利导，教她从《石鼓文》入手，然后细临《石门颂》，篆隶功夫下透了，再临《石门铭》。康有为是尊碑派，在他的精心指导下，萧娴走上了以“三石一盘”（即篆书《石鼓文》《散氏盘》，隶书《石门颂》，楷书《石门铭》）为基础的学习之路。通过临摹“三石一盘”，萧娴打下了坚实的基础。她进一步临习康有为的行书，所以萧娴的行书具有明显的“康味”。一时间，向康有为求书者众多，他有些应接不暇，有时便请萧娴来代笔。由于萧娴的书写深得“康体”三昧，足可以乱真。

对于文字学，萧娴此时也有所涉猎。既为康有为入室弟子，便有机会聆听章太炎的国学演讲。章太炎也赏识萧娴的书法，曾为之题字赞道：“真如万岁枯藤。”对萧娴书法线条美推崇备至。

1927年萧娴随父迁居香港，在香港标润格鬻书。国民党元老、书法大师于右任等大家在报纸上介绍萧娴，称之为“大书家”，并称：“萧娴者，乃黔中名士萧铁珊先生之女公子也。幼承庭训，即工书

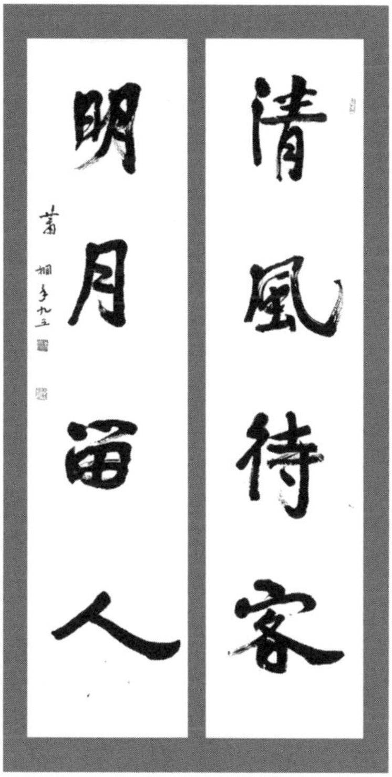

萧娴书法作品

法，行楷精良，篆籀奇古。卫管复生，茂漪再世。女书家中。实罕其匹。海内名士，龛然誉之。”这一年，25岁的萧娴在香港与江达结婚。江达早年在法国勤工俭学，专修机械工程，因反对袁世凯和日本签订丧权辱国的“二十一条”而组织留学生进行抗议活动，被法国政府驱逐出境，后转德国留学，完成学业后回国。

抗日战争期间，萧娴和江达先后辗转流亡于江西、四川、青海等地，备受奔波与贫困之苦，直至抗战胜利后一年，才返回南京。此时，萧娴的父亲已于上一年在上海病逝。

萧娴在新中国成立后，长期定居南京，曾先后任中国书法家协会名誉理事、江苏省书协副主席、南京书协名誉主席等职务。她在南京、济南、贵阳、北京等地举办过书展。书名远播海外，日本首相也曾慕名求字。

萧娴与同时代的另一位大书法家林散之友谊颇深。林散之去世，萧娴撰写一副对联：“绝艺是老，大聪为聋。”

萧娴1997年1月16日在南京逝世，享年95岁。

南京浦口的求雨山建有萧娴纪念馆。

南京女人

陈正荣

一

南京女人是值得说一说的。

我在本书的序言中已经从历史的角度，回顾了历史上的南京佳人。佳人是女人的代名词，是女人中的佼佼者，指那些美丽、有才气、有故事的女人。想一想，能在历史上流传下来的佳人其实并不多。这与我国古代女性的地位有关。一部古代的历史，基本上是男人的历史。女性是谈不上“半边天”的，所以古代流传下来的知名女性凤毛麟角，南京也不例外。本书写了近百位不同时代的南京佳人，总觉得意犹未尽。如果把女性的历史比作一条长河，那么这近百位佳人只能算作是极少数飞溅起来的令人艳羡的浪花。其实，由一个个的个体组成的浩浩大河，才是南京女人本真的全貌。我试着去从我个人有限的认知角度去为南京女人画一幅“速写”。

我曾经试着问外地的朋友：说起南京女人，你最深刻的印象是什么？有的说，印象最深刻的是“秦淮八艳”。这样的回答不在少数。

有的说，印象最深刻的是《红楼梦》中的“金陵十二钗”，想象着南京女人有林黛玉、薛宝钗那么美、那么有才情。有的说，印象最深刻的是严歌苓写的民国“金陵十三钗”，她们虽然低微，但她们身上闪着人性的光芒。有的说，印象最深刻的还是那些身着贴身旗袍的民国时尚女子或者身穿蓝色布褂的民国青年女学生。还有的说，印象最深刻的是那些“亡国祸水”张丽华、小周后……每个人观察的角度不同，得出的结论也就不一样。综合起来，这五类南京女人都给人们留下了深刻的印象——

第一类是以“秦淮八艳”为代表的青楼女子。我发现，一个外地人初到南京，一定想去夫子庙看看。到了夫子庙，一定会去看看秦淮河，而站在秦淮河边，一定会联想到历史上的“秦淮八艳”。夜游十里秦淮时，导游会认真地介绍300多年前那八位女子的传奇事迹。游船经过钞库街，导游会指着沿河的一座粉墙民居说，这就是李香君故居。虽然这故居只是一种象征性的存在，李香君的媚香楼早已湮没在历史的尘埃里了。在很多人看来，“秦淮八艳”似乎成了秦淮河的代言人，或者说，她们成了秦淮河的“形象大使”。其实，“秦淮八艳”只是秦淮风月史上众多女子的代表人物。从六朝时开始，一直绵亘到晚清，秦淮河畔总是丽影翩翩。说秦淮河是一条女人河也不为过。秦淮河畔的女子也分两类，一类是沦为风尘的女子，另一类是纯粹的艺术工作者。民国时期，秦淮河畔的歌女如严凤英、骆玉笙、王玉蓉等都属于后者。

第二类是曹雪芹为我们塑造的“金陵十二钗”。“金陵十二钗”是《红楼梦》里的十二个女子：林黛玉、薛宝钗、贾元春、贾探春、史湘云、妙玉、贾迎春、贾惜春、王熙凤、巧姐、李纨、秦可卿。书中明确说黛玉、妙玉是苏州人，那为什么说“金陵十二钗”呢？还有，除了巧姐之外，其他十一位女子都生活在京城的大观园里，曹雪芹没有将这些女子称为“长安十二钗”或“京都十二钗”，而是称为“金陵十二钗”，这又是为什么？因为小说中的贾、史、王、薛四大家族的原籍都在金陵，而且小说中的“金陵省”是一个大概念，包括苏州在内。所以说四大家族里的那些女子是金陵人，就不难理解了。更重要的原因是，曹雪芹对他的出生地——金陵有着特殊的感情，他在金陵生活了十三四年。他的周围曾经生活过一群鲜活的女子，被抄家后，那些女子也都烟消云散。他在小说的开头说：“今风尘碌碌，一事无成，忽念及当日所有之女子”，“我之罪固不免，然闺阁中本自历历有人”，“何妨用假语村言，敷演出一段故事来，亦可使闺阁昭传”。我们完全可以说，曹雪芹是以自己身边的女性作为原型来创作的。“金陵十二钗”或美丽贤淑，或才气逼人，或精明能干，或超凡脱俗，或大智若愚，或憨厚实诚……作者用“金陵十二钗”的美称给读者提供了一个想象的空间：金陵美女多，金陵才女亦多。自从《红楼梦》诞生以来，“金陵十二钗”的说法就为人们所津津乐道。对于很多不从事研究的读者或观众来说，“金陵十二钗”指的都是南京女人。所以说，“金陵十二钗”成了南京一张美丽的名片。当然，曹雪芹的《红楼梦》是小说，那些女子也都是虚构的存在。其实，在过去的岁月里，做过十朝都会的南京城，像“金陵十二钗”这样的大家闺秀是不乏其人的，“咏絮之才”的谢道韫、无心做皇后的徐妙锦、出口成章的纪映淮、李鸿章的千金李菊藕、天才书家萧娴等等，都是这类女子。

第三类是民国知识女性。南京为民国时的首都。这里生活着很多政要和商人的妻女，她们都接受过良好的教育，她们的身上展现出既传统又现代的民国风韵。比如，宋氏三姐妹宋霭龄、宋庆龄、宋美龄，与南京的关系就非常密切。宋霭龄在南京生活了十多年，宋美龄和蒋介石在南京生活了二十多年，宋庆龄的爱人孙中山就葬在南京东郊。其他的一些高级官员的妻女都曾经在南京生活过。此外，南京是中国大学最早开“女禁”的城市之一。早在1913年，西方教会就在南京创办了金陵女子大学，开始招收女大学生。这是我国最早的女子大学之一。作为官办学校的南京高等师范学校紧随其后，也开始招收女大学生。后来的金陵大学、中央大学里都有很多出类拔萃的女生接受高等教育。吴贻芳、吴健雄、沈祖棻、曾昭燏、游寿、孙多慈等都曾在南京求学。这些青年女学生来往穿梭于南京城，为这座古老的城市增添了青春、知性、时尚的气息。直到今天，每当大学毕业季来临，在南京大学、南京师范大学的校园里，在那些民国建筑前，不时可以看见那些穿着民国女生衣裙的毕业生们，在摆着各种姿势拍着美照。书店里介绍民国闺秀才女的书不在少数。民国女子还经常出现在言情剧、谍战剧的影视作品中。总之，南京的民国女子形象，给当代人留下的印记是深刻的。

第四类是公主后妃。南京是十朝都会，历史上出现过很多王妃、皇后、公主。这类女子大体分为两类：一类是贤淑的形象，比如明朝朱元璋的马皇后，南京流传着很多关于她的正面传说。另一类则被人们认为是“祸水”，比如陈朝的张丽华、南唐的小周后等。她们都有着惊人的美貌和非凡的才情，可是生不逢时，随着王朝的崩溃，她们无一例外落得个香消玉殒的下场。说实话，朝代的灭亡，怪罪到这些女子头上，是不公平的。

第五类是苦难中的南京女子。众所周知，1937年12月，侵华日军进犯南京，实施了惨无人道的屠杀和其他战争罪行。最近二十年来，揭露侵华日军南京大屠杀暴行的文艺作品不断出现。比如《金陵十三钗》里的赵玉墨、红菱、豆蔻、玉笙等秦淮妓女，在侵略者丧失人性的屠刀前，激发了侠义血性，她们身披唱诗袍，怀揣剪刀，代替教堂里的女学生，去赴一场悲壮的死亡之约。《南京！南京！》里的姜淑云、唐太太、小江、唐小妹等都是面对侵略者的淫威敢于反抗的南京女性。近年来，在有关南京大屠杀惨案遇难同胞的纪念活动中，人们还经常看到一些当年的女性幸存者如李秀英、夏淑琴等站出来控诉日军的暴行。在中国，没有哪一座城市的女人像南京女人这样遭受过如此深重的苦难！南京女人遭受的屈辱与南京城遭受的灾难一起，永远不会被遗忘！

这五类南京女人以其鲜明的时代底色定格在人们的记忆里，以至于提到南京，人们立即就会想起她们。她们和千千万万个女人一样，在这座古老的城市生活过，爱过恨过笑过哭过。她们是女性长河中标志性的浪花。她们身上不仅折射出时代大河的色彩，同时也彰显出南京这座城市的个性与精神。

二

在说南京女人的特点之前，先说说南京。

从地理位置看，南京坐落在长江边，过了长江就到了江北，所以，南京不南也不北，历史上有“吴头楚尾”的说法。尽管历史上属于吴的范围，但南京人说话又没有吴语的味道，倒是与安徽东部地区马鞍山、芜湖、滁州地区的方言靠近。民国以后，脱去了首都的帽子后，南京的地位一下子降低了很多。南京与上海靠得很近，上海作为东部中心城市的地位日益凸显，南京是不能望其项背的。省内苏南的苏州、无锡、常州，历史悠久，人文荟萃，经济实力雄厚，仰视南京的地方并不多。南京只能面向西部、南部，显示出一定的辐射力与吸引力。当然，南京也有自己的优势，比如，一省首府，十朝都会，山水城林，文教发达，等等。

地理位置，直接影响着人们的心理。比如，南京女人过去总喜欢向上海看齐。南京女人在口音、习俗方面，深受马鞍山、芜湖、滁州的影响。这些地方的学生毕业后，总希望在南京落户。在南京读书的苏州、无锡女子，留在南京的不多，都喜欢回到自己的城市或上海去工作、生活。说南京是江南城市，也是可以的，但由于濒临江边，江南的特色也不是那么鲜明。说南京女人是江南女人，当然也没有问题，古人早就说过“江南佳丽地”。但南京女人总体上又呈现出南北交杂的性格特征。

从历史上看，南京是一座移民城市。南京历史上曾经发生过多次大迁徙，包括迁入与迁出。西晋末年，由于北方战乱，北方一些大族纷纷南逃，逃到建康来的北方人就有百万人之多。山东琅琊郡（今山东临沂一带）的王氏大族，河南陈郡阳夏县（今河南太康）的谢氏家族，都是那时候来到建康的。为了安置这些大迁徙来的人，东晋政府在建康附近建立了20多个侨县、侨郡、侨州，划出大片土地供这些人居住。涌入建康城的人口数量超过了当时南京的土著人口。此时的建康城算得上一个南北大融合的大都市。到了明代，朱元璋实行了大移民的政策。很多南京人被迁往贵州、云南。朝廷又从全国各地迁来20多万户工匠，从浙江以及苏州、扬州一带征召了一万多富户到南京来“充实京师”。晚清以来，南京又遭受太平天国之乱、侵华日军的暴行，南京人有过多次“跑反”的经历。随着南京城里居民大规模迁出与外地人大量涌入，就会不断出现新的组合。在上个世纪初，很多安徽人、河南人涌入南京。现在的八卦洲、江心洲上生活着很多安徽人。南京很多的习俗就是从安徽过来的。南京话至今还保存安徽东部方言的味道。

我们说徽州女人、米脂女人、惠安女人、苏州女人、成都女人，底气是很足的，因为这些地方从地理位置上来说比较独立，地域文化特色比较鲜明，所以相对来说容易保持自己的个性。南京不是。尽管南京拥有两千四百多年的建城史、四百多年的建都史，但它是一座移民城市。多次的大迁入与大迁出，决定了这座城市的居民呈现出多方混杂的特点，所以今天我们说“南京女人”，底气不是十分足。换言之，要总结南京女人的特点，是一件困难的事。但是，一方水土养一方人。人在某一个地方生活时间长了，入乡随俗，就会被潜移默化。尽管是新移民，也会被本土的文化所同化。从这个角度看，总结南京女人的一些特点，也是可行的。

从外形看，南京女人个子不是很高，总体上具有江南女子娇小、玲珑的特点。当然，新移民除外。南京也不乏高个子女孩。航空公司很喜欢在南京招聘航空小姐，据说被选中的人数在全国同类城市中是排在前列的。这也说明南京女孩的颜值是不错的。

说南京人是“大萝卜”，不知始于何时。有人认为带有贬义，不过，南京人对这个“大萝卜”有自己的理解。“大萝卜”比较实在，接地气。说“南京大萝卜”，当然也包括南京女人。南京女人总体上给人很实在的感觉，不做作，不装腔作势。南京女人在外工作很勤奋，踏踏实实，在家里很勤快，很“扒家”。南京女人尽管大大咧咧，说话嗓门大，但做事很细心，待人很诚。

南京女人的穿着，过去算不上很时尚。即便在物品大流通的今天看来，还是如此。改革开放初期，南京女人向上海看齐。那时候，经常会听说有一定经济实力的南京女人，会坐火车到上海去买衣服。结婚了，小两口一起到上海去置办衣物。后来南京女人又向香港看齐。有经济实力、打扮光鲜的南京女人过一段时间会飞到香港去买衣服、化妆品。现在这几年，电子商务发达了，物品流通快了，南京女人用不着到上海、香港去买时尚衣服了，而是去网购。大数据显示，南京女人的网购能力在全国城市中排在前列。

南京女人中，有一部分属于老南京人，她们上几代都生活在南京，所以，她们是很地道的南京女人。她们主要生活在南京城南、下关一带。这些南京女人的穿着打扮很有特点。上个世纪90年代，她们喜欢走进家门口的“温州发廊”或“广州发廊”，把头发吹得高高的，喷上很多发胶，亮亮的，然后插一根簪子或带颜色的夹子，远远地看去，头上堆得有点像鸡冠花，所以，有人叫“鸡冠花头”。现在，南京城南一带的女人仍然喜欢做这种头。南京女人喜欢穿花花绿绿的衣服。上个世纪90年代，不论胖瘦，都喜欢穿踩脚裤。如果胖一点的，穿着紧身裤，整个人看上去有点头重脚轻。上个世纪八九十年代流行纹眉，南京女人都喜欢去纹一把。那时的纹眉很简单，就像一条黑色的青虫横在眼睛上。由于当时用料、技术条件限制，过了几年，眉毛的颜色开始变化。如果纹的是黑色，后来渐渐变成了蓝色。如果纹的是棕色，后来渐渐变成了红色。即便是今天，你走在南京城南的大街上，还可以看到眉毛是蓝色或红色的南京大妈。另外，城南一带的南京女人喜欢手上戴金戒指，即便是烧饭做事，也不会脱下。上个世纪80年代，南京女人化妆品用的上海雅霜与美加净，后来南京自己生产一种雪花膏叫珍珠霜，白色的瓶子，金色的盖子，南京女人很喜欢。再后来，芭蕾珍珠霜出了一种珍珠粉，粉质，白色的，很多南京女人抹在脸上，粉白一片。如果皮肤黑一点，或者大夏天出汗，有时会出现不均匀的块状花斑。

南京女人在家说南京话，上班后，就会说普通话，遇到老南京人，也会说南京话，可以做到随时切换。南京话既不是吴方言，也不是扬州话。它借鉴了安徽芜湖、马鞍山、滁州等附近语音特点，形成自己的方言。会说南京话的，肯定是在南京生活了两代以上的人。当然，语言模仿能力强的人，也会说几句南京话。说实话，我以为南京话是不大好听的，它没有吴侬软语的柔曼，说起来发音特别重，声音特别大，而且还不时带有脏字，即使是女孩子也不避讳。但是，南京人听起来亲切。南京的电视上有一位主持人，南京话说得很溜，节目做了十多年，还很有观众缘。南京几家电视台的主持人在直播时也都会不时蹦出一两句南京话。南京人喜欢听。南京女人说话比较直接，不需要那么客套，说话显得特别“省”。一张口就是“哎”，连你的姓也懒得带出来。“干么斯（事）啊！哎呀？我就不能请你吃个饭啦。”南京女孩说话，往往带点儿羞涩，特别是希望你相信她的时候，会表现出夸张和认真的表情：“哎，我跟你讲噢，真的有事哎！我正儿八经不是骗你的……”南京的女公交司机会问：“啊下？”意思是，到站了，下不下？小吃店里的南京女人会问：“啊喝馄饨？”意思是，吃不吃馄饨？如果吃了，她会问你：“啊要辣油？”意思是，要不要放辣油？如果很好吃，南京女孩会说：“这家馄饨真来斯！”意思是，这家馄饨做得不错，好吃！

南京女人很讲究时令的仪式感。南京有很多关于时令的谚语，年纪大一点的南京女人会记得滚瓜烂熟，诸如“春牛首，秋栖霞”“正月十六爬城头”“二月二，龙抬头”“三月三，荠菜花煮鸡蛋”“小雪腌菜，大雪腌肉”等等，经常听到她们用老南京话说。她们不仅说，而且还会去行动。春天了，她们会约上三五个同伴一起去城南踏踏青；秋天了，去栖霞山看看枫叶。正月十六，她们会带上儿孙去爬南京的城墙头，说是可以一年健健康康，无病无灾。三月三，她们会到菜市场买上一把荠菜，回来煮鸡蛋，说是吃了可以明目。到了端午节，她们会记得在菜市场买一把艾叶，带回来放在门口驱邪。立冬之后，她们开始买长棵的青菜，准备腌菜。在腌之前，第一道工序就是晾晒。所以，若是天气晴好，老城南一代的房前屋后，窗台门楣，都晒着白花花、绿油油的长棵青菜。到了腊月，南京的城南女人又会炒什锦菜，寓意十全十美。出门办事，南京女人喜欢吃上一碗鸭血粉丝汤。如果是春天或是初夏，南京女人喜欢坐在路边的小摊子上，吃几个带毛的旺鸡蛋，南京人称之为“活珠子”。

不要以为南京女人就是实心的“大萝卜”，其实南京女人很讲究情调，这是不是六朝遗风的体现？比如，南京女人喜欢在自家的阳台上养花，也喜欢在单位办公室里养上两盆鲜花。初夏时节，在菜场的门口，在小巷的深处，不时可以看见一些大妈在卖栀子花，一元一串，很多骑自行车的南京女人会停下来，买上几串带回家，用碗盛清水养起来，满屋子飘香。每年的梅花山梅花盛开，南京女人总会邀上好友去东郊的梅花山赏梅，并且在梅花前不厌其烦地摆造型，留下倩影。这几年，南京城里涌现各种自发组织的“群”，比如有喜欢旗袍的群，有喜欢茶艺的群，有喜欢插花的群，有喜欢摄影的群，有喜欢自驾游的群……有共同爱好的女人，结成一个小团体，闲暇时聚在一起，切磋技艺，自娱自乐，尽情享受生活。

南京女人喜欢艺术的不在少数。南京没有地方戏。但有一种古老的曲艺，叫白局，据说明代就有了。白局男女都可以唱，而且连说带唱，说唱自然用老南京话。可惜今天会唱白局的南京女人已经不多了。南京女人有的喜欢昆曲，有的喜欢越剧，喜欢京剧的倒不多。南京涌现出了很多唱昆曲的名角。也许自己没有实现艺术的梦，南京女人一定要让自己的孩子学习艺术，所以，南京的各种少儿艺术培训特别火。每逢双休日，在马路上经常可以看见家长带着孩子和乐器去上各种培训班。钢琴是很多南京女人对自己孩子进行艺术教育的首选。请家教，然后考级，都很认真，尽管孩子长大以后根本就不会去碰琴。喜欢书画艺术的南京女人不在少数。南京有一些艺术学院，每年都会培养大批的各类艺术人才。

南京女人喜欢从众、跟风。这种跟风也反映在对时尚的追求上。比如，有一阵子，南京女人手上喜欢拿着一个LV包。不论是年纪稍长的，还是年轻的，都对这个不是真皮但价格不菲的奢侈品爱不释手。当然，也有一些收入不高的女子喜欢去外贸店里买A货（仿真品），反正别人远距离也看不出来。还比如，某一个电视剧热了，大家都会去追。然后第二天上班，女人之间就有了话题。一个女生说：某处一个蛋炒饭好吃，某一个地方火锅好吃，某一个地方麻辣烫好吃……很快周围的女生都知道了，一传十，十传百，女生就会迫不及待地拉上男友去吃。在南京，一个小摊上的蛋炒饭，都可以排起长队，真的让人有点不可思议。还有，某家超市搞优惠打折活动，一些上了年纪的南京女人知道了，会早早去排队，所以，在超市门口经常看到长长的队伍，几乎是清一色的女性。如果商家在小区里搞免费赠送的宣传活动，比如发放印着企业标志的T恤衫，南京女人会去抢购一件带回家。所以，夏天，也可以看见南京女人身着带有某某企业名号的T恤衫。还比如，南京女孩很“显摆”。比如情人节、圣诞节，男朋友送给她一捧花，南京女生往往会手捧着鲜花，自豪地走在大街上，脸上漾着开心的笑，仿佛在向全世界宣布：“此刻我是最幸福的人。”

南京读书的孩子，男孩叫男娃，女孩叫女娃。南京男娃、女娃读书特别用功。南京城里有一所外国语学校，里面的女娃很多都是学霸。这所学校每年都有上百人考上美国、英国名校。到了每年的升学季，报纸上总能见到某某学霸被美国名校提前录取的新闻。这些南京女娃考出去以后，回到南京工作的极少。她们就像长硬了翅膀的鸟儿一样，飞向了世界各地。但她们身上“南京姑娘”的标签是摘不掉的。这个“标签”也是在为家乡争光。

南京的女孩还有一个很特别的叫法——“潘西”。关于这两个字，我见过好几种写法：攀西、盼兮。为什么叫“潘西”？一种说法是来自《诗经》的“美目盼兮”，如果真是这样，那太有诗意了。有人在网上发帖说，上世纪80年代之前南京没有人这么叫女孩子的。80年代初，下关、浦口一带的高中开始把女孩称为“潘西”。那时候，人们还比较保守，但是年轻人心里对爱情的追求是一样的。有一所高中里有个男娃爱上了班里的女娃。男娃给女娃写了封情书。可能女娃不愿意，把情书交给班主任老师了。这倒没什么，那时候好像流行这么做。班主任居然在班会上宣读了这封情书。情书中引用了“巧笑倩兮，美目盼兮”，班主任在评点时说了这么一句话：不好好学习，整天“盼东盼西”的，还想上大学！结果可想而知。男娃成了全校的笑柄，女娃成了“盼西”。从此你传我传，将女娃写成“盼兮”或“盼西”。有南京方言研究学者出来考证，《诗经·卫风·硕人》篇里用“巧笑倩兮，美目盼兮”赞美卫庄公夫人庄姜眼波流动，非常迷人。南京的“潘西”就来自这个“盼兮”，所以应该写成“盼兮”。不过现在，更多的南京人依然写成“潘西”。

三

对南京女人粗线条的描述，是会挂一漏万的，也会带有写作者个人的主观色彩。不过，没关系，任何文字的描述，总是作者从个人的角度进行个性的表达，这不妨碍每个人自己去观照。

从古到今，写南京女人的文字，不乏佳作。这里列举几种：

——《红楼梦》。这是一部虚构的文学作品，但经典的力量是巨大的，“金陵十二钗”起到了定格的作用。直到今天，“金陵十二钗”仍是南京的一张名片。到了当代，严歌苓还在借用“金陵十二钗”的名字衍生出“金陵十三钗”来。南京这座城市真的应该感谢曹雪芹，他为南京女人做了极为成功的推介。

——《板桥杂记》。这是明末清初文人余怀（字澹心）写的一部秦淮冶游见闻实录。书中记述了十里秦淮南岸长板桥一代旧院名妓的故事，总共涉及二十多位比较有名的妓女，有详有略。后来人们所说的“秦淮八艳”，余怀记录了其中的六位：顾横波、董小宛、卞玉京、李香君、寇白门、马湘兰。柳如是后来成了文坛巨匠钱谦益的爱妾，而陈圆圆为吴三桂所得，钱谦益、吴三桂都不愿意提及柳如是、陈圆圆的过往历史，所以，余怀为了避讳也就没有记录这两位女子。除了上面六位，余怀记录的还有尹春、李十娘、葛嫩、范珏、顿文、沙才、马娇、米小大、王小大、张元、刘元、崔科、董年、王月、王节等，这些青楼女子美丽、聪慧，有才学，有胆识，在改朝换代之际，有的表现出崇高的气节与献身精神。作者对她们抱着欣赏、同情的态度，对她们的抗争精神则是褒扬有加。在余怀之前，从来没有文人如此关注过青楼女子的命运。他的记录都是他的所见所闻，真实可信。透过他的记录，秦淮河畔那些色艺俱佳、性格各异的女子一个个鲜活地站在读者面前。由于《板桥杂记》影响大，后代多有续作，如清代珠泉居士的《续板桥杂记》，清末民初金嗣芬的《板桥杂记补》。其实，明清两代，除了《板桥杂记》外，记录秦淮歌妓事迹的书还有明代潘之恒的《亘史》《鸾啸小品》、张岱的《陶庵梦忆》、冯梦龙的《古今谭概》、清代吴从先的《小窗艳记》、捧花生的《秦淮画舫录》、赵翼的《檐曝杂记》等。

——《桃花扇》。这是清代戏曲家孔尚任花了十年时间写成的一部传奇剧本。“秦淮八艳”之一的李香君是其中的主要人物。此剧表现了明末时以复社文人侯方域、吴次尾、陈定生为代表的“清流”同以阮大铖和马士英为代表的“权奸”之间的斗争。正如作者自己所说：借离合之情，写兴亡之感。作者以李香君的故事为原型，进行了艺术的处理。所以，剧中的李香君，温柔、美丽，多才、多艺，她虽是秦淮歌妓，但头脑清醒，正直善良，深明大义，嫉恶如仇，爱憎分明，不贪富贵，不畏强权。当知道阮大铖送来妆奁时，她义正词严地斥责侯朝宗。她拒绝嫁给权贵："奴是薄福人，不愿入朱门。"《桃花扇》塑造的李香君形象是很成功的。"秦淮八艳"后来之所以闻名，与《桃花扇》的影响是分不开的。

——《柳如是别传》。这是一本学术著作。当代学者陈寅恪花了八十万字的篇幅为"秦淮八艳"之一的柳如是写传。当时他眼睛已经失明，身体虚弱，只能口述，由助手黄萱女士笔录成书。柳如是，明末清初人，家境贫寒，幼年被卖与官宦人家，后沦落青楼。她不仅貌美，还善诗会曲，能书擅画，敢于追求人生幸福，且明于大义，堪称历史上少有的奇女子。陈寅恪对她评价极高，认为她体现出"民族独立之精神"。这本书可以帮助我们深入、全面地认识晚明社会的时代风云以及柳如是的人格魅力。

——张恨水的系列小说。抗日战争爆发前夕，作家张恨水曾在南京生活了一年多，并在南京创办了《南京人报》。他创作了多部以南京为背景的小说，如《秦淮世家》《满江红》《丹凤街》《大江东去》《石头城外》等。这些小说都写到了南京女人。比如《丹凤街》是一部描述民国时期南京人的生活情态的小说，其中的陈秀姐是一位生活在底层的南京女子，因为贫穷，她被舅舅卖给赵次长做姨太太。而二春则是一位敢想敢干的南京烈女。《满江红》中的李桃枝、《秦淮世家》的唐小春，都是秦淮歌妓。《大江东去》写了军嫂薛冰如爱情转移的故事，作者通过这个南京女子的变心，反映出时代激变给人们心理带来的剧烈变化。

——《金陵女子大学校史》。张连红编著的《金陵女子大学校史》非常详细地介绍了金陵女子大学的建设过程以及建校以来培养的女大学生情况。一张张黑白照片，把我们带回了一百年前的大学校园，领略那些女大学生们的风采……

此外，写南京著名女人个体的书（如著名女人的传记）很多，这里就不一一赘述。当代南京作家叶兆言先生曾写过《南京女人》。叶兆言长期生活在南京，他对南京人有过仔细的观察，曾专门写有《南京人》。他在《南京女人》中说："南京的女人应该是金陵十二钗中的史湘云。"意思是说，南京女人像史湘云一样大大咧咧，敢做当当。这也是一种对南京女人特点的解读。叶兆言还出版了一部专门写南京女人的长篇小说《驰向黑夜的女人》，写了欣慰、春兰两个南京女人的成长、奋斗史。当代学者、作家薛冰先生写过《金陵女儿》，写了南京历史的名女人桃叶、青溪小姑、张丽华、马皇后、让皇后、李香君等。他说："第一个像金陵女儿的，或许要数史湘云。"他与叶兆言先生不谋而合，也都认为南京女人具有史湘云的性格特征。

上世纪90年代，江苏电视台播出了百集室内情景剧《秦淮人家》，表现了南京老城南的风俗民情，其中泼辣、能干的秦淮女子给当时的南京观众留下了深刻的印象。据说，眼下有关部门在筹拍续集。

我以为，南京女人很值得作家去写，值得研究者去研究。从文学的角度看，研究中国女子文学史，不能不关注南京女子。如果编辑一部金陵女子的文学作品集，颇具价值。研究文学作品中的南京女子，也是一件很有意义的事情。研究中国妇女史，研究女性解放，不能不关注南京的女性。研究女性教育史，不能不关注袁枚招收女弟子的举动，不能不关注金陵女子大学的"999朵玫瑰"和南京高等师范学校的首开"女禁"的创举。

一天，我在读余怀的《板桥杂记》时，突然冒出一个想法：既然余怀能记录同时代的女子事迹，为何我不能对南京历史上那些女人的"浪花"做一个扫描？由此也可以领略金陵佳丽的风采。于是便开始浏览各种传记，爬梳典籍史料，重点说说一些著名女子与金陵城之间的故事，为过往的佳人立一份存照。由于本人的阅读面有限，难免有遗漏，容我他日再续补。佳丽的介绍，参照了很多典籍文献和人物传记，所以特地在书的末尾列举出来。我认为，这本书只是一个粗略的“速写”，为过往的金陵佳丽们画了一个轮廓，然后集纳在一起，成了这本“群芳谱速写”。

2018年早春二月，时值东郊梅花盛开。

参考书目

1. 沈祖棻著，程千帆选编：《沈祖棻创作选集》，人民文学出版社，1985年

2. 石三友著：《金陵野史》，江苏人民出版社，1985年

3. 王冠亚著：《严凤英》，长江文艺出版社，1985年

4. 高阳著：《小凤仙》，春风文艺出版社，1987年

5. [日]山川丽著：《中国女性史》，三秦出版社，1987年

6. 施淑仪辑：《清代闺阁诗人征略》，上海书店，1987年

7. 徐世昌辑：《晚晴簃诗汇》，中国书店，1988年

8. 俞允尧著：《秦淮古今大观》，江苏科技出版社，1990年

9. 方令孺著，龙渊、高松年编：《方令孺散文选集》，百花文艺出版社，1992年

10. 高安宁编：《秦淮风情》，南京出版社，1995年

11. 丁玲著：《丁玲自传》，江苏文艺出版社，1996年

12. 张怀亮编著：《吴健雄传》，南京大学出版社，2002年

13. 南京市政协文史（学习）委员会编：《萧娴》，南京出版社，

2003年

14. 王立民著:《文心雕虫》，北方文艺出版社，2003年

15. 孙海英编著:《金陵百屋房：金陵女子大学》，河北教育出版社，2004年

16. 哈尔滨师范大学编:《清风流响：游寿先生诞辰一百周年纪念文集》，2006年

17. 余怀等著:《板桥杂记·续板桥杂记·板桥杂记补》，南京出版社，2006年

18. 赵霞、向洪主编:《正说秦淮八艳》，哈尔滨出版社，2006年

19. 苏克勤、苗立军著:《南京名人旧居：散落在大街小巷的流年碎影》，河南人民出版社，2007年

20. 陈安吉主编:《名人与南京》，南京出版社，2007年

21. 毛彦文著，罗久芳、罗久蓉校订:《往事》，百花文艺出版社，2007年

22. 王洪、鹿彦华著:《佳人：王玉龄画传》，江苏文艺出版社，2007年

23. 陈济民编著:《南京掌故》，南京出版社，2008年

24. 王白桥著:《萧娴评传》，华东师范大学出版社，2008年

25. 张健初著:《孙多慈与徐悲鸿爱情画传》，江苏文艺出版社，2008年

26. 黄永武编著:《玄武湖史话》，南京出版社，2009年

27. 南京博物院编:《曾昭燏纪念》，江苏人民出版社，2009年

28. 沈海波译注:《世说新语》，中华书局，2009年

29. 吴福林著:《莫愁湖史话》，南京出版社，2009年

30. 陈宝良著:《中国妇女通史》，杭州出版社，2010年

31. 李龙生编著:《蔡锷》，湖南人民出版社，2011年

32. 石楠著:《画魂：潘玉良传》，江苏文艺出版社，2011年

33. 袁枚著:《随园诗话》,浙江古籍出版社,2011年

34. 郝志刚著:《赛珍珠传》,时代文艺出版社,2012年

35. 孟然、罗君生著:《骆玉笙传奇》,天津人民出版社,2012年

36. 陈修良撰述、唐宝林编著:《拒绝奴性》,香港中和出版社,2012年

37. 王英志著:《文采风流:袁枚传》,东方出版社,2012年

38. 龚斌、范少琳编:《秦淮文学志》,黄山书社,2013年

39. 周和平著:《永远的吴贻芳》,江苏人民出版社,2013年

40. 马渭源著:《大明帝国》(洪武卷),东南大学出版社,2014年

41. 子仪著:《新月才女方令孺》,青岛出版社,2014年

42. 程瑞芳著:《程瑞芳日记》,南京出版社,2015年

43. 蒋碧微著:《蒋碧微回忆录》,华东师范大学出版社,2015年

44. 明妮·魏特琳:《魏特琳日记》,江苏人民出版社,2015年

45. 韩文宁著:《孙科传》,浙江大学出版社,2016年

46. 王鹤著:《晚明风月》,南京大学出版社,2016年

47. [美]魏爱莲著:《晚明以降才女的书写、阅读与旅行》,复旦大学出版社,2016年

48. 杨步伟著:《一个女人的自传》,岳麓书社,2016年

49. 喻彬著:《总统的女保镖》,花城出版社,2016年

50. 薛冰著:《金陵女儿》,上海三联书店,2017年

51. 张佩英:《我成为中国首届男女同校女生之追忆》,《高教研究与探索》,1987年第3期

52. 中山市华侨、港澳台人物传编委会办公室整理:《女教育家李今英》,《中山文史》总第22辑,1991年6月

53. 干有成:《南高师首开我国女禁》,南京日报,2011年12月13日

54. 花香鸟语无边乐:《我眼里的游寿先生》,新浪博客,2015年12月1日